Tonny Vos-Dahmen von Buchholz
Drachenschiffe Richtung Island

Tonny Vos-Dahmen von Buchholz

-Wikinger-

Drachenschiffe Richtung Island

Union Verlag GmbH Stuttgart

BÓK ÞESSA TILEINKA ÉG HONUM SÍGURÐI FRANZSYNI
OG HONUM TEITI JÓNASSYNI MEÐ KVEÐJU OG ÞÖKK

HÚSBÓNDI MINN OG ÉG VÓRUM MJÖG ÁNÆGÐ MEÐ
DVÖLINA Á ÍSLANDI SUMARIÐ 1974. NÁTTÚRUFEGURÐIN
ER ÓGLEYMANLEG: VIÐ VILJUM GJARNAN KOMA
ÞANGAÐ AFTUR.

Die Originalausgabe ist 1976 unter dem Titel
»De nieuwe vrijheid'« beim Verlag »Westfriesland«
in Hoorn/Holland erschienen

Autorisierte Übertragung aus dem Niederländischen
von Eva-Maria Brennecke

Ausgezeichnet mit dem »Premio Europeo di Letteratura
Giovanile Provincia di Trento«

Umschlagentwurf: Eberhard Binder-Staßfurt
Innenillustrationen: Reint de Jonge

Printed in Germany
Gesamtherstellung: Wilhelm Röck, Weinsberg
ISBN 3-8139-5011-5

INHALT

REYKJAVIK
VESTMANNA-
EYJAR

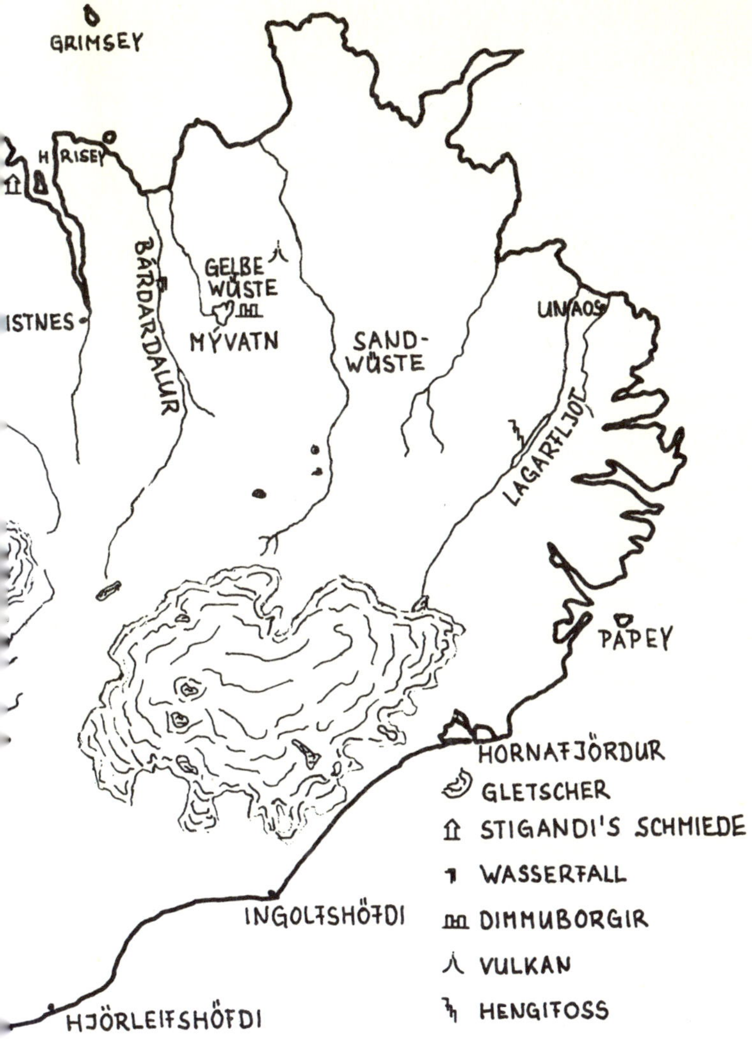
GRIMSEY
H RISEY
ISTNES
BÁRDARDALUR
GELBE WÜSTE
MÝVATN
SAND-WÜSTE
UNAOS
LAGARFLJOT
PÁPEY
HORNAFJÖRDUR
INGOLFSHÖFDI
HJÖRLEIFSHÖFDI
GLETSCHER
STIGANDI'S SCHMIEDE
WASSERFALL
DIMMUBORGIR
VULKAN
HENGIFOSS

1 LAND AUS FEUER UND EIS

Im äußersten Norden der See, die viele Reiche der Wikinger umspült, dort wo im Winter treibende Eisberge dem unerschrockensten Seefahrer Einhalt gebieten, liegt ein seltsames und geheimnisvolles Land.

Der von vielen Stürmen heimgesuchten Südküste kann man sich kaum nähern. Ausgedehnte Sandrs* machen eine Landung auf dem schwarzen Strand unmöglich. Riesige Gletscher strecken hier ihre eisigen Arme zur See hin aus; graue Flüsse führen Moränen und abgebröckelte Eisblöcke mit. An der West–, Nord– und Ostküste liegen jedoch viele geschützte Buchten. Tief eingeschnittene, fischreiche Fjorde führen weit in das Land hinein. Man findet dort sanft abfallende Uferböschungen, aber auch steile Klippen, wo Vögel nisten und sich Seehunde auf den Felsen vor der Küste sonnen. An vielen Stellen steigen aus der Erde Dämpfe auf, wie Rauch in einen hellen Himmel. Die Berge dieser seltsamen Insel haben merkwürdige Formen. Manchmal sind sie spitz, dann wieder abgeflacht, manche haben anstelle des Gipfels ein großes, rundes Loch. Sie sind bunt, von Blau und Braun bis zu Rot und einem schmutzigen Gelb.

Ab und zu bebt die Erde, ein Feuermeer bricht aus. Rotglühende Lavaströme stoßen dann auf Gletschereis. Gewaltige Wolken aus Asche, Rauch und Dampf erheben sich beängstigend hoch in die Luft. Der stets vorhandene Wind kann zu einem Orkan anwachsen, der die Luft von Rauch und Asche reinigt, der aber auch das Boot des Mannes angreift, der von Neugierde getrieben auf dieses rauhe Land zufährt, das so anziehend ist, als ob ein Zauber von ihm ausginge.

Es ist kein freundliches, einladendes Land, in dem Milch und Honig fließen, das sich leicht erobern läßt. Es ist ein Land nur für starke Männer, die den Kampf mit Wind und Wellen, mit Feuer und Eis wagen.

Naddod, der Norweger, war ein solcher Mann. Auf dem Weg von Norwegen zu den Färöern wurde er vom Sturm gepackt und an die ihm unbekannte Küste verschlagen. Er ergriff die erstbeste Gelegenheit und segelte zurück. Als er sich noch einmal umsah, wurde das Land seinen Augen durch einen schweren Schneesturm entzogen. Naddod sagte, daß er »Schneeland« gesehen habe.

* siehe Worterklärung im Anhang

Gardar Svávarsson war auch ein solcher Mann. Er bekam auch die Küste des unbekannten Landes zu Gesicht, nachdem er bei einem schweren Sturm den Kurs verloren hatte. Er war neugierig und segelte ganz darum herum. So entdeckte er, daß es eine Insel war, und nannte sie »Gardarsholm«. Angeregt von den vielen Gerüchten, die in der Wikingerwelt über das geheimnisvolle Land im Norden die Runde machten, ging Floki Vilgerdarson von den Färöern aus auf Suche nach dem neuen Land.

Er landete an der Westküste und sah, daß die Buchten und Fjorde voller Fische waren und daß das Land gut war. Den ganzen Sommer über fischte Floki unbekümmert mit seinen Männern, von dem schönen Wetter und der Tatsache begünstigt, daß die Sonne im Sommer nicht unterging. Niemand dachte weiter: an den langen, dunklen Winter, in dem Mensch und Tier von der Nahrung leben müssen, die sie in der Sommerzeit ernten. Floki hatte keine Nahrungsmittel gelagert – es fehlte nicht viel, und er wäre mit seinen Leuten in dem eisigen Winter umgekommen. Floki war so enttäuscht, daß er das neue Land bei seiner Rückkehr »Eisland« nannte und weiter kein gutes Wort mehr darüber verlor.

Aber Thorolf, einer seiner Gefährten, wußte, daß es ihre eigene Schuld war, daß sie fast verhungert waren. »Es ist ein gutes Land«, sagte Thorolf, »Land, das von niemandem bewohnt wird, Land, das zum Nehmen bereit liegt. Es trieft Butter von jedem Grashalm!«

Viele Wikinger erinnerten sich an Thorolfs Worte, als es König Harald Schönhaar nach zwölf Jahren Kampf zu gelingen drohte, alle Normannen in einem Königreich zu vereinigen. Denn ein Wiking ist ein freier Mann – ein Odalbauer – niemandem untertan! Eher segelt er aus, um in einem fernen und fremden Land eine neue Zukunft aufzubauen, als daß er sich der Herrschaft eines anderen beugt.

Unbewohntes Land – Land, das zum Nehmen bereitliegt! Sie segelten aus und nahmen sich das Land . . . das Land aus Feuer und Eis . . . das Land für freie, starke Menschen.

2 ABSCHIED

»Ein Odalbauer ist niemandem untertan«, sagte Ornolf. Geräuschvoll setzte er seinen leergetrunkenen Becher auf den rohen Holztisch. »Ich werde nicht warten, bis Haralds Sklaven mich von meinem eigenen Land vertreiben. Dies ist vorläufig meine letzte Handelsreise, Kaufmann Sven, denn noch in diesem Sommer ziehe ich mit meiner Familie nach Island.«

Sven Haraldsson, der alte Kaufmann von Angia anwortete nicht. Schon seit einigen Jahren hörte er beunruhigende Nachrichten aus dem hohen Norden. Die Kaufleute, die regelmäßig seinen Posten auf Angia aufsuchten, hattem ihm von dem unersättlichen Machthunger, König Haralds in Norwegen berichtet. Dieser Fürst hatte es verstanden, schon viele unabhängige Bauern zu unterwerfen, und er strebte danach, ein Wikingerreich unter seiner Führung nach dem Vorbild vom Reiche Karls des Großen zu gründen.

»Wir ziehen weg«, fuhr Ornolf fort. Seine tiefe Stimme war in allen Ecken des Langhauses deutlich zu hören. »Wir ziehen alle fort, wir, die wir uns nicht unterwerfen wollen. Was ihm bleibt, ist nicht der beste Menschenschlag – er mag sie behalten, die feigen Hunde!«

Sven Haraldsson erhob sich und schenkte den Becher seines Gastes noch einmal voll. Dann stocherte er im Vraicfeuer, daß die Funken flogen. Aus der Ferne erklangen das Gelächter und der Gesang der Mannschaft des Wikingerschiffes, das hoch auf den Strand gezogen lag. Sie vergnügte sich in der warmen Scheune, wo sie gastfrei bewirtet wurde, während ihr Anführer im Langhaus zu Gast war.

Um den Festungshügel des Kaufmanns von Angia wogte der Nebel. Er war plötzlich aufgekommen, wie es in dieser Gegend im Frühjahr und im Herbst so oft geschieht, und hatte jede Verbindung mit dem Festland und mit den Inseln unterbrochen. Feuchte Nebelschwaden verdichteten sich rasch zu einem undurchdringlichen, wolligen Tuch, das Felsen und Bäume umhüllte, jedes Geräusch verfremdete und alles Leben zwischen die sicheren Wände von Hütten und Häusern verbannte.

Ornolfs Schiff stellte nach einem langen Winter die erste Verbindung zur Außenwelt her. Die Ankunft eines Handelsschiffes bedeutete Erlösung aus der Abgeschiedenheit, denn die Kaufleute brachten Neuigkeiten aus anderen Ländern mit, Neuigkeiten, die diesmal nicht so günstig lauteten.

»Island«, sagte Sven Haraldsson; es war, als ob er das Wort auf der

Zunge zergehen ließe. »Du besitzt gutes Land in Norwegen, Ornolf. Nach dem, was ich gehört habe, ist das neue Land rauh, ein Land, das noch erobert werden muß.«
Plötzlich kam Leben in den andern. Seine Stimme klang fast begeistert, als er dem Kaufmann widersprach.
»Es muß nicht erobert werden, denn es ist unbesiedelt. Es muß in Besitz genommen werden. Es sind mir schon einige zuvorgekommen; ich will mit bei den ersten sein.«
»Ich habe gehört«, sagte Sven Haraldsson, »daß die Erde zuweilen Feuer spuckt und daß große Teile der Insel mit ewigem Eis bedeckt sind, daß es acht Monate im Jahr Tag und Nacht dunkel ist und daß die Fjorde im Frühjahr wegen Treibeis unzugänglich sind.«
»Floki Vilgerdarson hat diese Geschichten in die Welt gesetzt«, sagte Ornolf mit verächtlicher Stimme. »Er dachte, er könnte sein Leben fischend und faulenzend verbringen. Es war seine eigene Schuld, daß er im Winter fast umkam. Das Land ist gut. Es ist jedoch kein Land für gedankenlose Abenteurer. Es ist ein Land für Männer, die zupacken und nachdenken können.«
Ornolfs Augen blitzten kampflustig und begeistert wegen eines gewagten Abenteuers. Sven Haraldsson erkannte die Begeisterung. Es war, als ob er sich im Schein des Vraicfeuers selbst gegenüber säße, Sven Haraldsson gegenüber, der einst vor langer Zeit einen genauso vermessenen Plan gegen Rollo, den Anführer der Bastardwikinger, verteidigte, mit dem er zehn Jahre zusammen gefahren war. Aus den Flammen entstanden Bilder, so klar und deutlich, als ob seit den Ereignissen von damals, keine fünfzig Winter vergangen wären. Ornolfs Stimme, die begeistert von dem neuen Land, der neuen Freiheit, sprach, schien von weither zu kommen; der alte Mann hörte kaum hin. In seiner Erinnerung erklangen andere Stimmen, seine eigene und Stimmen, die schon lange verstummt waren. »Wenn du morgen absegelst, werde ich nicht an Bord sein!« Mit diesen Worten hatte er sich als junger Mann von seinen Gefährten befreit, um ganz allein auf Angia, einer Insel in der See von Aletha, einen Handelsposten zu errichten. Ohne das Band zu seinen Stammesgenossen ganz zu durchtrennen, hatte er sich ein Auskommen geschaffen, indem er an die eigene Kraft glaubte und nach eigenen Normen lebte. Es war ein gefahrvolles Unternehmen für den jungen Wiking gewesen, nicht weniger gefahrvoll als der Plan, den Ornolf jetzt unterbreitete.
»Die Zeit ist dafür reif«, sagte Ornolf. »Die Lage in Norwegen wird

von Tag zu Tag unerträglicher. Wenn ich zu lange warte, haben die anderen die besten Landstriche genommen.«
Der alte Kaufmann spürte ganz deutlich, daß sein Gast am Anfang seines Lebens und er selbst an seinem Ende stand, daß der andere noch erobern mußte, was er selbst schon erreicht hatte.
Aus der Scheune vernahm man Klänge, Fetzen eines Liedes, das von einer wohllautenden tiefen Stimme gesungen wurde:

Besitz stirbt
Sippen sterben,
du selbst stirbst wie sie;
doch Nachruhm
stirbt nimmermehr;
eins weiß ich,
das ewig lebt:
des Toten Nachruhm.

Sven Haraldsson verdrängte die Bilder und Stimmen der Vergangenheit und wandte sich ganz seinem Gast zu.
»Ein ehrenvolles Auskommen in der Fremde aufzubauen, ist besser, als ehrlos auf seinem Grund und Boden unterzugehen«, sagte er dann.
»Ingolf Arnarson und sein Pflegebruder Leif sind schon weggezogen«, sagte Ornolf. »Sie haben ihre Familien mitgenommen, und eine Anzahl freier Bauern ist zu ihnen gestoßen. Ketil Plattnase vom Raumdalsfjord ist mit zwei Töchtern nach Schottland gesegelt. Seine Söhne und sein Schwiegersohn Helgi der Magere sind schon auf Island. Ich habe mit Helgi abgemacht, daß ich sobald wie möglich nachkomme.«
»Wie ist das nur soweit gekommen«, sagte Sven Haraldsson, »daß Odalbauern die Freiheit auf ihrem eigenen Grund und Boden verlieren, daß Harald von solcher Machtgier besessen ist? Was treibt den Mann zu einer Handlungsweise, die die besten Männer aus dem Land jagt?«
Ornolf rutschte außerhalb des Feuerscheins. Ihm war warm geworden. Etwas steif vom langen Sitzen, lehnte er sich zurück an die Wand. Sven Haraldsson konnte seinen Gesichtsausdruck nicht sehen, aber es klang deutlich Haß aus seiner Stimme, als er sagte: »Es war der Ehrgeiz einer Frau, der maßlose Machthunger Ragnhilds von Jütland, die Frau, auf die Harald sein Sinnen und Trachten ge-

richtet hat. Erst wenn er im Norden alle Bauern unterworfen hat, ist sie bereit, seine Frau zu werden. Und er hat geschworen, sein Haar nicht zu scheren, bevor er dieses Ziel erreicht hat.«
Zwietracht durch eine Frau – Sven Haraldsson sah sie wieder vor sich, die stolzen, hübschen Frauen aus dem Land seines Vaters. Es waren starke Frauen, die ihren Familien wie Königinnen vorstanden, Frauen, die es verstanden zuzupacken, wenn ihre Arbeitskraft auf dem Feld gebraucht wurde, Frauen, die Schicksalsschläge ertrugen und die ihre Männer in Notzeiten unterstützten. Nirgendwo in Europa hatten die Frauen einen solch großen Einfluß auf ihre Umgebung wie im hohen Norden. Aber falsche Beeinflussung kann Unheil heraufbeschwören. Und die boshaften Eingebungen einer eitlen Frau können einen Mann zu Handlungen hinreißen, die weitreichende Folgen haben.
Aus dem tiefen Schatten an der Wand erklang das höhnische Gelächter Ornolfs. »Haralds Haare sind in all den Jahren des Kampfes lang geworden«, sagte er. »Seine Stiefellecker nennen ihn jetzt schon Harald Schönhaar!«
»Ich würde auch fortgehen«, sagte der alte Kaufmann nach einigem Nachdenken. Er stand auf, horchte kurz nach den Geräuschen von der lärmenden Gesellschaft in der Scheune und nach den hin – und hergehenden Frauen im Seitenraum. Dann nickte er: »Wenn ich an deiner Stelle wäre, zöge ich auch nach Island.«
Vom Hof her hörte man auf einmal viele anschwellende Stimmen, die wieder verklangen, als eine Tür zufiel. Schritte erschallten auf dem harten Boden vor dem Langhaus.
Sven Haraldsson wußte, wer hereinkam. Noch bevor die Tür des Langhauses aufgerissen wurde und der Wind das Feuer flackern ließ, hatte er seinen Enkel am Schritt erkannt.
»Willkommen«, sagte der junge Mann, während er dem Gast freundschaftlich auf die Schulter klopfte und danach die Hände zum Feuer ausstreckte. »Bei diesem Wetter ist man am besten im Haus aufgehoben.«
Er war noch sehr jung. Beim Anblick des gewaltigen Hundes, der mit ihm hereingekommen war, runzelte Ornolf überrascht die Stirn. Das Tier war mehr als drei Fuß hoch und würde im hohen Norden auf der Bärenjagd ein nicht zu unterschätzender Bundesgenosse sein. Seit Sven Haraldsson auf Angia einen Handelsposten gegründet hatte, hatte es immer einen Haushund gegeben, der auf den Namen Varou hörte. Der Wiking wirkte besonders anziehend

auf Hunde; er verstand es, sie zu großartigen Kampfgefährten abzurichten. Im Laufe der Jahre waren es fünf Hunde gewesen, einer besser als der andere. Dieser letzte war ein ausgesprochener Meister. Wenige Monate alt, war er als junger Hund auf einem dänischen Handelsschiff vom fernen Neapel gekommen, wo diese Rasse im Kampf oder zur Jagd gebraucht wurde. Sven Haraldsson hatte sofort ein Auge auf das junge noch unabgerichtete Tier geworfen und einen sehr hohen Preis dafür bezahlt. Zwei Jahre war der Hund jetzt auf dem Festungshügel, und während dieser Zeit hatte Sven ihn mit unendlicher Geduld zu dem abgerichtet, was er heute war, zum edelsten Kampf- und Wachhund. Varou gehorchte nur dem Kaufmann, seiner Frau und den beiden Enkeln. Er nahm von niemanden sonst Futter an und ließ sich von niemanden sonst anfassen. Doch zeigte er eine besondere Anhänglichkeit für den jungen Olaf.

Der Normanne hatte noch nie einen solch riesigen Hund gesehen. Das Tier schüttelte sein nasses Fell und streckte sich vor dem warmen Feuer zu Füßen seines jungen Herrn aus, ohne den Fremdling eines Blickes zu würdigen.

Sven Haraldsson hatte einen Becher gefüllt und seinem Enkel gereicht. Als der rosige Feuerschein auf die Gesichter der beiden Männer fiel, überraschte es den Gast erneut, der selbst im Halbdunkel saß, wie sehr Enkel und Großvater einander glichen. Nach den jugendlichen Zügen in dem lebendigen Gesicht konnte der Junge höchstens achtzehn sein. Er war noch größer als der alte Mann, hatte breite Schultern und war gut gebaut. Bevor er sich setzte, legte er den Mantel ab und strich sein widerspenstiges Haar zurück. Er lachte Ornolf lebhaft zu, wobei man seine regelmäßigen starken, weißen Zähne sah.

»Was habe ich gehört, Ornolf?« sagte er mit tiefer, junger Stimme. »Du planst fortzuziehen? Macht Harald dir das Leben so sauer?«

Ornolf brauchte keinen weiteren Anstoß, um nochmals ausführlich zu erklären, wovon sein Herz voll war. Er schilderte die unhaltbare Lage in seinem Land und sprach mit Begeisterung und Kampfbegier über die begonnene Besiedlung. Island, von dem enttäuschten Floki als so schlecht abgetan, wurde dort beim flackernden Vraicfeuer ein immer verlockenderes Ziel. Der junge Mann wurde von der Begeisterung des Gastes angesteckt.

»Die Fjorde sind mit den prächtigsten Fischen gefüllt«, sagte Ornolf. »Am Ufer wimmeln Lachse – solche Lachse –« Er spreizte

Schiff voller Waren, von Witla nach Walacra zurückkehrend – ein Überfall – ein Kampf. Tote Augen starrten sie an, wüste Piratenköpfe; einen Sklavenmarkt in Aletha sah sie vor sich. Imma, die stolze Tochter von Tancart, wurde als Sklavin verkauft.
Imma war eine gläubige Christin. Wenn sie auf die seltsamen Ereignisse in ihrer Jugend zurückblickte, war sie jetzt davon überzeugt, daß es eine Fügung Gottes war, daß der Kaufmann von Angia, der sie gekauft und auf seine Insel mitgenommen hatte, der alte Freund, der Wiking aus ihrer Jugendzeit war. Aber damals hatte sie nicht begriffen, daß man einen Menschen als den, der er ist, beurteilen muß und nicht als Angehörigen einer Gruppe. Sie hatte ihm vorgeworfen, daß er, der einst Gastfreundschaft in ihrem Vaterhaus genossen hatte, zu den Wikingern gehörte, die die Küsten der niederen Lande bedrohten, und nicht bemerkt, daß sie dem einen Wiking nicht anlasten durfte, was ihr ein anderer angetan hatte. Sie hatte mit ihrem vorschnellen Urteil unrecht gehabt. Als ihr zum Bewußtsein kam, daß sie sich geirrt hatte, daß er ein Mann war, der in alter Freundschaft treu blieb, der furchtlos wagte, als Einzelgänger nach eigenen Richtlinien zu leben, war sie ohne zu zögern auf Angia geblieben, als ihr die Gelegenheit geboten wurde, zu ihrem eigenen Volk zurückzukehren. Sie war die Frau des Kaufmanns von Angia geworden und hatte diesen Beschluß nie bereut.
Jahre harter Arbeit waren gefolgt. Der Handelsposten auf Angia blühte. Sven Haraldsson wurde auf der Insel ein allgemein geachteter Mann. Sie bekamen einen Sohn, Sigurd Svensson, der schon in jungen Jahren eine Vorliebe für die See zeigte und mit achtzehn Jahren als erster auf einem Drachenschiff in den hohen Norden nach Haithabu, nach Birka fuhr.
Imma hörte, wie der große Hund, der beim Feuer lag, sich halbwegs aufrichtete, sich reckte und danach auf die andere Seite legte. Auch sie drehte sich in ihrem Schlafsack um. Sie sah in ihrer Erinnerung, wie Sigurd nach einer langen Reise mit einer jungen Frau aus Gokstad nach Hause kam. Sie hatten ein Fest auf Angia gefeiert, ein Hochzeitsfest nach den Bräuchen aus dem alten Vaterland. Es folgten glückliche Zeiten auf dem Festungshügel, wo Sigurd und seine junge Frau ihr Haus innerhalb der Palisade neben dem Langhaus gebaut hatte. Es herrschte Wohlstand. Kurz nacheinander wurden zwei Söhne geboren: Björn und Olaf Sigurdsson. Dann hatte das Schicksal zugeschlagen . . .
In der Stille der Nacht erklang in der Ferne das langgezogene Heu-

len eines Hundes. Das auflaufende Wasser klatschte am Fuße des Festungswalles gegen die Felsen. Imma lauschte den altvertrauten Geräuschen – es war wie in der Unglücksnacht vor mehr als achtzehn Wintern, der Nacht, in der Sigurd mit seiner jungen Frau an den Felsen von Selsweff umgekommen war, als sie im Nebel nach einem Besuch auf dem Markt von Aletha zurückkehrten. Das Leben auf dem Festungshügel hatte seinen Glanz verloren. Die Tage entglitten ihnen in steter Folge von Schlafen und Arbeiten – aber freudlos. Imma hatte die Sorge für die verwaisten Enkel übernommen, für den zwei Jahre alten Bjorn und für Olaf, einen wenige Monate alten Säugling. Die Kinder waren es, die unwissend in ihrer Unbefangenheit die dunklen Wolken vertrieben, das Haus mit ihren fröhlichen Stimmen und lärmenden Spielen erfüllten. Imma, die selbst noch keine alte Frau war, wurde mit den Kindern, die sie als ihre Söhne betrachtete, wieder jung. Es war, als ob man eine Generation übersprungen hätte.

Während der Nebel um das Haus wallte und um sie herum die ganze Welt zu schlafen schien, gelangte Imma zu der Einsicht, daß das Leben in Glück und Unglück, in Freud und Leid für sie doch lebenswert gewesen war. Und sie wußte, daß das Leben weitergehen mußte, daß es weder in guten noch in schlechten Zeiten stillstehen konnte. Ein Mensch wird geboren, wächst heran und geht seinen eigenen Weg. Glückliche Jahre lassen sich nicht festhalten.

Imma zwang sich, die praktische Seite zu bedenken. Das Leben auf Angia ist gut, wußte sie. Aber für zwei Familien ist das Erbe nicht groß genug.

Das Vraicfeuer war ganz niedergebrannt. Es wurde allmählich kälter im Raum. Imma zog das Seehundfell etwas herauf. Ich habe ihn doch zur Selbständigkeit erzogen, hielt sie sich vor. Und ein selbständiger Mann geht nun einmal seinen eigenen Weg. Das ist normal! Sie nahm sich fest vor, auf das Gelingen von Olaf Sigurdssons Unternehmen zu vertrauen. Danach schlief Imma endlich ein.

Es dauerte zwei Tage, bis sich der Nebel verzog und man die See von Aletha wieder befahren konnte. In diesen beiden Tagen wurde viel über Island gesprochen. Der alte Wiking wunderte sich nicht, daß sein Enkel ständig in Gesellschaft von Ornolf anzutreffen war. Die beiden schienen sich gut zu verstehen. Gegen Abend des zweiten Tages, als Sven Haraldsson das Vieh in den Ställen überprüfte, kam Olaf Sigurdsson hinter ihm her. Jetzt, wo sie in dem warmen

Stall beisammen waren, schien Olaf nicht zu wissen, wie er seine Frage anbringen sollte. Aber der alte Mann machte es ihm leicht. Er sah den Jungen freundlich an, richtete dann sein Augenmerk auf eine Kuh, deren Kopf in einem Strick festhing, und sagte nebenbei, während er den Strick löste: »Ich habe schon darüber nachgedacht, was du brauchen wirst, um durch den ersten Winter zu kommen.«
Olaf verschlug es die Sprache. Er strich mit der Hand über den warmen Rücken der Kuh und stotterte: »Ich – woher – woher wußtest du, was ich sagen wollte?«
Sven Haraldsson lächelte. »Ich habe schon früher daran gedacht«, sagte er. »Bjorn ist der Älteste und Seßhafteste. Die Insel ist zu klein, um dir ein ordentliches Stück Land zu kaufen. In Island gibt es Land im Überfluß.« Dann sagte er etwas, was er eigentlich nicht hatte sagen wollen: »Wir werden dich hier vermissen – .«
Es entstand eine Stille, die keiner zu durchbrechen wagte. Dann lachte der alte Mann. »Mein Enkel wird im Land der neuen Freiheit Großgrundbesitzer werden«, sagte er. »Du kennst die Landwirtschaft, du bist ein guter Seemann; wenn du deinen Verstand gebrauchst, kannst du dir ein Besitztum schaffen, mit dem du viel Ehre einlegen kannst. Sigurds jüngster Sohn soll nicht hinter dem ältesten zurückstehen. Ich werde mit Ornolf sprechen und einen Schiffsanteil für dich kaufen. Du sollst nicht mit leeren Händen auf Island ankommen und im ersten Winter nicht Mangel leiden, den du mit den von zu Hause mitgebrachten Vorräten durchstehen mußt, denn richtig ernten kannst du erst im folgenden Jahr.«
So war Sven Haraldsson, ein Mann der Tat. Wenn in seinem Haus einmal etwas beschlossen worden war, dann wurde die Angelegenheit rasch erledigt. Sorgfältig überlegte der alte Kaufmann an diesem Abend mit Ornolf, was man brauchen würde. Ornolf ließ in seinem Vaterland ein ordentliches Knörr bauen, in dem er sein Vieh, eine Ladung Lebensmittel, Waffen und Werkzeuge mitnehmen konnte. Es wurde beschlossen, daß Olaf die Hälfte von Ornolfs Schiff mit seinem Inhalt gegen Barzahlung in Silber erwerben konnte. Auf Island angekommen, sollte er Ornolf beim Bau eines Langhauses, bei der Feldarbeit und beim Errichten eines Bauernhofs helfen. Danach sollte er eine Handelsreise unternehmen und nach seiner Rückkehr unter Mithilfe von Ornolf einen eigenen Betrieb aufbauen. Außerdem sollte ihm dieser die Hälfte seines Viehs abgeben, sobald sich ihre Wege trennten. Man konnte inzwischen

überlegen, wer das Knörr behalten sollte und wer sich auszahlen lassen würde. »Auf diese Weise arbeitet mein Enkel als freier Mann und nicht als Knecht«, sagte Sven zufrieden. Auch Ornolf zeigte offen seine Freude über diese Regelung. Er hatte nun einen gleichwertigen Mitarbeiter, der den Knechten Anweisungen geben konnte und sich in der Seefahrt auskannte. Obendrein bildete Sven Haraldssons Silber eine gute Rücklage in der Schatzkiste.
Um die Absprache zu besiegeln, wurde ein Festmahl zubereitet. Jeder konnte sich an Gerstenbier und Met gütlich tun.
Olaf verlebte die letzten Tage auf Angia wie in einem Rausch. Sein Herz zog ihn zur See, nach Abenteuern ins Unbekannte. »Meine erste Handelsreise wird nach Angia gehen«, sagte er, »die Welt ist klein, für den, der ein gutes Schiff besitzt.« Er sagte es immer wieder, denn tief im Innern verspürte er einen unbestimmten Schmerz bei dem Gedanken, daß er das Heim verlassen sollte, in dem er eine glückliche Jugend verlebt hatte, und daß er Abschied nehmen mußte, von denen, die ihm an nächsten standen.
«Wenn ich zurückkomme, bin ich Grundbesitzer auf Island.«
Die Abreise von Ornolf und seinen Männern verzögerte sich durch die neue Lage um einige Tage.
Sorgfältig wurden aus den Vorratsscheunen des Handelspostens Angia die Güter zusammengestellt, die die Männer brauchen würden. Endlich waren sie soweit. Es war höchste Zeit, wollten sie nicht Gefahr laufen, zu spät im Jahr in Island anzukommen.
Sven Haraldsson war besonders großzügig gewesen. Es fehlte Olaf an nichts. Aber das wertvollste Geschenk bekam er zum Abschied von dem alten Mann.
»Nimm Varou mit«, sagte Sven Haraldsson, »du wirst zweifelsohne vielen Gefahren die Stirn bieten müssen. Varou wird dich nie im Stich lassen.«
Olaf wurde feuerrot. Ihm wurde ganz heiß, und er konnte so rasch nicht darauf antworten. Keine Waffe würde ihn besser schützen, als dieser Hund. Die ungeheure Größe dieses Tieres das in nördlichen Landstrichen ganz unbekannt war, flößte jedermann Furcht ein. Es war Olaf nicht entgangen, daß die wüsten Kerle, die mit Olaf die Meere befuhren und die sich durch nichts einschüchtern ließen, den Hund ständig im Auge behielten und nicht wagten, die Hand nach ihm auszustrecken. Varou würdigte sie nicht eines Blickes. Er hatte gelernt, niemanden ohne den Befehl dazu anzufallen. Aber ein Blick auf sein gewaltiges Maul genügte, um zu begreifen, was

geschehen würde, wenn er seinen Herrn verteidigen mußte. Sven hätte sich kein wertvolleres Abschiedsgeschenk für seinen Enkel ausdenken können.
»Das ist das Kostbarste, was du mir geben kannst«, sagte Olaf. Sven lächelte zufrieden. Dann stand auf einmal Imma zwischen den beiden Männern am Strand. Sie legte ihre Hand in die von Olaf Sigurdsson. Als sie sie zurückzog, blieb ein kleiner silberner Gegenstand in Olafs Hand zurück.
Olaf sah ihn neugierig an.
«Diese Spange hat deiner Mutter gehört«, sagte die alte Frau. »Es ist ein besonderes Schmuckstück, das ein Silberschmied in Gokstad gemacht hat. Es stellt den Kampf zwischen Gut und Böse dar. Wer diese Spange trägt, ist dazu angehalten, das Gute zu tun.«
Olaf betrachtete die schöne Schmiedearbeit. Ein schlankes seltsam geformtes Tier wurde von zwei Schlangen angefallen, die es in Brust und Hals bissen. Die ineinander verschlungenen Schlangenfiguren – das bekannte Motiv der Silberschmiede aus dem Norden – waren zierlich ausgeführt. Olaf blickte die alte Frau an. Mit wenigen Worten hatte sie ihm gesagt, was sie von ihm erwartete. Imma war gläubig. Doch Sven paßte nicht in den Rahmen einer Kirche. Er hatte auf seinen Fahrten viele Gottesdienstformen kennengelernt und darin immer wieder in verschiedenen Punkten Übereinstimmung gefunden. Er neigte zu der Meinung, daß jedem Menschen die Freiheit zugestanden werden mußte, an seinen eigenen Gott zu glauben. Während ihrer langen Ehe war der Glaube nie ein Streitpunkt zwischen ihnen gewesen. Und beide Enkel waren ohne Zwang zu irgend einem Gottesdienst erzogen worden, wohl aber mit den uralten Werten von Treue und Ehre. Nun, wo Olaf auszog, um ein eigenes Leben zu beginnen, gab sie ihm kein Kreuz mit aber das Sinnbild eines heidnischen Edelschmiedes, das die Botschaft aussandte, die für jeden galt, sowohl für Heiden als auch für Christen: Tut das Gute!
Seine blauen Augen sahen sie ernst an. »Ich werde meiner Sippe keine Schande machen«, sagte er.
Das Boot wurde von der Strömung der Ebbe zur See gezogen, und die Männer wurden unruhig. Olaf umklammerte mit der Rechten die silberne Spange und legte die Linke auf den Kopf des Hundes. »Komm, Varou, spring!«
Vom Boot aus winkte er den am Strand Zurückbleibenden. Kerzengerade standen die beiden alten Menschen, noch lange dem

immer kleiner werdenden roten Segel nachblickend. Die Last der Jahre hatte ihren Rücken nicht gebeugt.
»Er wird sich einen ehrenvollen Namen erwerben«, sagte Sven Haraldsson vertrauensvoll. »Er ist aus gutem Holz geschnitzt.«
Imma nickte. Sie hatte sich umgewandt und erklomm nun vor ihrem Mann den Pfad zum Festungshügel.
»Seine erste Handelsreise führt nach Angia«, sagte sie lächelnd.

3 DIE KINDER DES MÄCHTIGEN

Bei strahlendem Sonnenschein legte das Langschiff von Ornolf im Raumdalsfjord an. Von dort aus sollte die Überfahrt über den großen Ozean stattfinden.
Es herrschte große Betriebsamkeit auf dem sonst so ruhigen Gewässer. Viele Langschiffe legten ab und an; am Ufer lagen einige funkelnagelneue Knörrs, einige dutzend Männer waren mit Löschen und Laden beschäftigt, und auf dem sonst so ruhigen Weideland grasten viele Pferde, die nicht hierher gehörten.
Ornolfs Männer waren lange unterwegs gewesen und wußten deshalb nicht, was sich seit ihrer Abreise zu Beginn des Frühlings in ihrem Wohngebiet abgespielt hatte. Sie sprangen an Land, wo sie von Freunden und Bekannten lärmend willkommen geheißen wurden.
»Du kommst gerade im rechten Augenblick, Ornolf!« rief ihm ein riesiger Kerl von einem am Ufer vertäuten Langschiff zu. »Mein Vater hat alle zu einem Abschiedsessen eingeladen. Es soll uns heute abend an nichts fehlen!«
»Das ist Grim«, erklärte Ornolf seinen neuen Gefährten. »Grim Geirmundsson. Das ist gewiß eine gute Gelegenheit, deine neuen Gefährten kennenzulernen.«
Die beiden überließen der Bemannung die Sorge für das Boot und

begaben sich nach Geirmunds Langhaus, wo es so betriebsam wie bei einem Thing vor sich ging. Wo sie auch hinkamen, wandten sich ihnen die Gesichter zu, und man betrachtete erstaunt und ehrfürchtig den gewaltigen Hund, der dem jungen Wiking wie ein Schatten folgte.

Geirmund hatte großen Anhang – zahllos und wahrlich geachtet waren seine Freunde im Normannenland. An diesem ersten Tag in Norwegen begegnete Olaf vielen Großen, deren Namen ihm schon aus den Geschichten der Seeleute bekannt waren.

Olaf, der in Angia daran gewöhnt war, daß er einen halben Kopf größer als die Leute dort war, fiel in der Gesellschaft der Normannen nicht auf. Große, breitschultrige blonde Riesen hatten sich hier versammelt. Das waren die Männer, die sich nicht vor Harald beugen wollten, die Krieger, die ihn am Hafrsfjord bekämpften. Es waren Männer, die man als Feind fürchten mußte, Männer, die den Kampf mit den Naturgewalten und den unbekannten Gefahren in einem neuen Land wagten.

Viele nahmen Geirmunds letzte Einladung in der alten Heimat an, um zugleich von Freunden und Bekannten Abschied zu nehmen, die mit den alten Hauptbauern nach Schottland ausweichen wollten. Sie waren deshalb mit ihrem ganzen Hab und Gut zum Raumdalsfjord gekommen, um sofort nach dem Fest auszureisen. Während bei Geirmunds Haus das Gastmahl stattfand, luden einige dutzend Männer das Vieh auf die Knörrs, die breiten Frachtschiffe, die zur Überfahrt nach Island geeigneter als die schmalen Langschiffe waren.

Olaf kannte diese Schiffsart nicht. Er nahm sich vor, sobald er seinen Hunger gestillt hatte, das Knörr, das er mit Ornolf nun sein Eigentum nannte, gründlich zu untersuchen.

Zunächst bekam er dazu keine Gelegenheit. Auf den Weiden hinter Geirmunds Haus waren auf Stützen lange Tafeln aufgestellt, an denen viele von den Geladenen Platz nehmen konnten. Junge Männer und Frauen gingen hin und her, um die Gäste auf einen Wink hin zu bedienen. Ganze Rinder drehten sich an großen Bratspießen; ein köstlicher Bratenduft wehte ihnen entgegen.

Ornolf nahm Olaf zunächst mit zu dem alten Hauptbauern. Danach suchten sie sich einen Platz an einer Tafel und ließen sich nach der langen Seereise das vortreffliche Mahl gut schmecken. Beide Söhne Geirmunds waren jetzt auch anwesend, und als sie Olaf dort sitzen sahen, bestürmten sie ihn sofort mit Fragen nach seiner

Reise ins Frankenreich. Während Geirmund selbst nach Schottland ausreisen würde, wollten sich seine beiden Söhne nach Island einschiffen. Lange besprachen sie mit Ornolf, was das beste wäre, zusammenzubleiben oder in kleinen Gruppen an Land zu gehen.
»Wir müssen uns alle einen Fleck für uns allein suchen«, meinte Grim. »Wenn wir alle zusammenbleiben, sitzen wir viel zu dicht aufeinander. Ich will nach Südosten, etwas östlich der Stelle, wo Ingolf zuerst gelandet ist. Die Südküste ist nach den Berichten von Gardar nicht zur Landung geeignet.«
»Ich weiß nicht«, sagte Thorkel. »Es scheint mir das beste, die Südküste zuerst mit eigenen Augen zu sehen, bevor ich ein Urteil über ihre Vor- und Nachteile fälle. Wenn das Gebiet wirklich so unwirtlich ist, dann bleiben wir im Südosten.«
Das Gespräch ging hin und her über vielerlei Dinge, kehrte aber immer wieder zum Ausgangspunkt zurück, dem großen Aufbruch fast aller Festgäste Geirmunds entweder nach Island, nach Schottland oder den Inseln vor der schottischen Küste.
Der Tag währte lang. Die Sonne wollte nicht weichen. Olaf, der nicht daran gewöhnt war, daß die Sonne so lange am Himmel blieb, fragte sich, ob er nicht allmählich auf sein Schiff zurückkehren und seinen Schlafsack ausrollen sollte, als eine Bewegung unter den Gästen entstand. Man rief die Skalden, die für die Gäste alte und neue Verse singen sollten. Sofort verstummten die vielen Stimmen. Man ordnete sich um das lohende Feuer zu einem Kreis. Eine junge Stimme erklang in der plötzlich entstandenen Stille. Olaf schreckte aus seiner Schläfrigkeit auf. Was dieser Mann da am Feuer sang, kannte er. Es war das uralte Lied von der Entstehung der Welt, von der Geburt des ersten atemschöpfenden Lebewesens, vom Urriesen Ymir, aus der Berührung von Feuer und Eis:

Nicht war Land noch See noch Salzwogen,
nicht Erde unten, Himmel oben,
Gähnung grundlos, doch Gras nirgends.

Er hatte dieses Lied auf Angia gehört. Es hatte ihn angerührt, und er hatte es behalten. Weil er jetzt im Begriff war, in das Land von Feuer und Eis zu fahren, bekam es eine ganz andere Bedeutung für ihn.
Langsam begann der Tag doch vor der Nacht zu weichen. In der wachsenden Dämmerung saßen die Männer und Frauen still bei-

sammen und lauschten. Olaf sah zu Geirmund hin, während der Sänger weiter sang. Geirmund war selbst in Wikingeraugen ein riesiger Mann. Seine schlanke, biegsame Gestalt war in einen roten Mantel gehüllt, der mit Goldfäden verziert war. Das Gesicht mit dem energischen Kinn war scharf umrissen, und die hellblauen Augen strahlten Vertrauen aus. Die Frau neben ihm war etwas kleiner. Für eine Frau war sie recht breit gebaut. Auch sie war in ein reiches Gewand gekleidet. Um ihr Haupt war ein farbiges Kopfband geschlungen, das das lange, blonde Haar zusammenhielt. Es war eine Frau, die sicherlich zuzupacken verstand, eine Frau, die eine gute Mutter für eine große Familie abgab.
Alle, die an diesem Abend rund um das Feuer saßen, wurden von der Stimme des Skalden seltsam verzaubert. Kam es dadurch, daß sie nach einem aufregenden Tag und dem vielen Essen und Trinken endlich ermüdeten? Oder kam es dadurch, daß sich alle der Tatsache bewußt waren, am Vorabend eines neuen Lebens zu stehen? Olaf ließ seine Augen über die vielen Gesichter gleiten, die durch die Glut des Feuers deutlich zu erkennen waren. Es hatte Augenblicke in seinem Leben gegeben, in denen er das Gefühl hatte, nicht achtzehn, sondern achtzig Winter zu zählen. Dann war es, als ob er durch ihr Äußeres, das die Menschen ängstlich hüteten, hindurchsehen könnte, oder als ob er fühlen könnte, was aus ihren ernsten, beherrschten Gesichtern nicht zu lesen, aber vorhanden war: Eine vage Unrast, verdrängte Angst, Abschiedsschmerz. Es war so wie das Zweite Gesicht – Stimmungen spüren zu können. Diese Gabe, Dinge zu begreifen, die andern verborgen blieben, gepaart mit der Eigenschaft, wichtige Entscheidungen gut zu durchdenken, hatte ihn oft vor unbeherrschten Worten oder Taten bewahrt.
Dort saßen sie jetzt, die unerschrockenen Söhne und Töchter der Wikinger, die sich von niemanden Gesetze vorschreiben ließen, die sich morgen, übermorgen oder im nächsten Monat auf ihren Schiffen einem unberechenbaren Ozean ausliefern würden, um in einem unbekannten und rauhen Land eine neue Zukunft aufzubauen. Die Könige der See – die besten Seefahrer ihrer Zeit. Heio! Morgen fahren wir hinaus!
Nur Olaf sah den Herzenskummer, weil sie den Grund, auf dem sie geboren waren, verlassen mußten, das Land, wo sie als Kind gespielt hatten. Einer nach dem anderen schlich sich davon, um irgendwo seinen Schlafsack auszurollen.
Ein Knörr war kein Langschiff. Das wurde Olaf sofort klar, als er

zusammen mit Ornolf das Boot besichtigte, das während Ornolfs Abwesenheit in seinem Auftrag gebaut worden war. Das Knörr, welches jetzt zur Hälfte Olafs Eigentum war, war aus Eichenholz gebaut und maß mehr als fünfzig Fuß. Wie es da auf dem Wasser des Fjords schaukelte, machte es einen viel weniger zierlichen Eindruck als die schlanken Drachenschiffe, aber als Seemann sah Olaf mit einem Blick die Vorteile dieses Schiffes bei der Überfahrt auf dem Ozean. Sie sprangen an Bord und besichtigten das feste halbe Vor- und Achterdeck, den großen, offenen Raum mitschiffs. Ornolf war daran gewöhnt, Waren zu verstauen, und zeigte Olaf, wo er die Wasserfässer, die Nahrungsmittel, die Haushaltsgeräte und die Werkzeuge für die landwirtschaftlichen Arbeiten im neuen Land unterbringen würde.

»Ich werde selbst darauf achten, daß alles gut unter Häuten verstaut wird«, sagte er. »Mit Vieh an Bord kann es leicht gefährlich werden; wenn sich die Ladung verschiebt, sind wir verloren.«

Sie standen auf dem Achterdeck beim Steuerruder, welches steuerbords angebracht war. Es war für Olaf nicht schwer, sich das Boot auf hoher See vorzustellen, wenn das große Rahsegel Wind fassen würde. Es waren nur wenige Löcher für Ruder an den Seiten angebracht, denn diese Art Schiffe konnte man nur im Hafen mit Riemen bewegen.

»Es hat viel mehr Tiefgang«, bemerkte Olaf zufrieden. »Wir können mit diesem Boot nicht so wie mit einem Langschiff über die Wogen reiten. Alles ist kürzer, breiter und bauchiger. Planken und Spanten sind unbeweglich verbunden. Langschiffe sind biegsamer; aber für eine so lange Überfahrt scheint mir ein Knörr doch ein ganzes Stück stärker.« Prüfend ließ er seine Hände über die Bordwände gleiten, hinter denen die Ruderer sitzen mußten, wenn das Boot dicht vor der Küste oder auf Binnengewässern mit Riemen fortbewegt werden mußte. Aber auch mit diesem starken Frachter mit mehr Tiefgang als bei einem Langschiff würde die Fahrt über den stürmischen Ozean gefährlich sein. Es gab kaum Schutz gegen Regen oder Sturm, und es konnte keine Rede davon sein, während der Überfahrt warme Mahlzeiten zuzubereiten.

»Wie lange brauchen wir für die Überquerung?«

Das war eine Frage, die Ornolf nicht so ohne weiteres beantworten konnte. Auf seinen langen Seereisen die Küste entlang, ging er gewöhnlich nachts an Land. Es mußte schon ganz seltsam zugehen, wenn sie eine Nacht auf See zubrachten. Aber auf der Fahrt nach

Island würden sie auf See übernachten müssen, und da er die Überfahrt zum ersten Mal machte, konnte er noch nicht übersehen, wieviel Zeit sie in Anspruch nehmen würde.
»Vielleicht fünf, vielleicht sechs Nächte«, sagte er zweifelnd. »Es hängt natürlich größtenteils vom Wetter ab. Wir haben genug zu essen, wenn wir auch mit Trockenfisch, Pökelfleisch und Fladenbrot zufrieden sein müssen. Wir haben ausreichend Met und Wein in Ledersäcken. Das halten wir schon so lange aus.«
»Aber zum Glück scheint die Sonne in dieser Gegend im Sommer fast die ganze Nacht«, sagte Olaf nachdenklich. »Das wird die Gefahr spürbar einschränken.«
Dennoch dachte er mit einiger Sorge an die Tatsache, daß er so viele Nächte und Tage mit etwa zwanzig Mann, einer Menge Vieh und Ware in einem Boot leben mußte, ohne die Möglichkeit zu haben, die Beine auszustrecken oder Varou Auslauf verschaffen zu können. Der Hund war bestens abgerichtet, aber wie würde er sich mit einer Menge Schafe und Kühe vertragen – würde er die Anwesenheit der kleinen Hunde, die die Normannen zum Schafehüten brauchten, dulden? Fragen, auf die er zunächst keine Antwort wußte – die Zukunft würde es lehren.
An diesem Mittag begann er, die aus Angia mitgebrachten Vorräte in das Knörr zu verladen, während Ornolf und einige Mitglieder seiner Bemannung sich darauf vorbereiteten, zu ihren Höfen zu reiten, um ihre Familien abzuholen. Als sie gerade aufsteigen wollten, wurden sie durch rasches Pferdegetrappel auf steinigem Boden abgelenkt. Zwei Reiter stoben den nördlich gelegenen Hügel schräg hinunter. Es war tollkühn, den steinigen Hang in einer solchen Fahrt zu nehmen – ein weniger guter Reiter würde kopfüber hinabgestürzt sein. Mit Erstaunen sahen Olaf und seine Männer, wie die Reiter auf dem letzten Stück des Hügels die Pferde zum Anlegeplatz des Knörrs hinunter lenkten, wobei sie sich im Sattel stark zurücklehnten. Die Tiere glitten mit gestreckten Vorder- und gebeugten Hinterbeinen beinahe sitzend hinunter geradewegs auf ihr Ziel zu. Losgelöste Steine rollten den Pferdehufen voraus und plumpsten in den Fjord. Dicht vor dem Wasser brachte der erste Reiter sein Pferd auf dem schmalen Pfad, der am Fjord entlanglief, zum Stehen. Zwei Pferdelängen dahinter machte das Tier des zweiten Reiters halt.
Der junge Kerl, der aus dem Sattel sprang und Ornolf herzlich begrüßte war lang, schlank und breitschultrig. Das hübsche Gesicht

mit den grauen Augen und der langen geraden Nase hatte etwas Fröhliches, aber auch etwas Gewalttätiges, der breite Mund lachte oft, wobei eine Reihe starker, weißer Zähne sichtbar wurde. Dunkelblondes, dichtes, glattes Haar hing ihm bis auf die Schultern herab.

An der Art und Weise, wie der Mann gekleidet war, konnte man deutlich seinen Wohlstand ermessen. Der rote, wollene Mantel, der auf der Schulter mit einer großen silbernen Mantelspange gehalten wurde, war offen und ließ darunter den Blick auf einen Kirtel und eine Hose aus schwerem Wollstoff frei. Am linken Handgelenk trug er eine Anzahl silberner Armringe. In seinem ledernden Gürtel steckte ein Dolch mit einem hübschen in Silber eingelegten Heft.

Olaf stand neben dem Weg und sah der Begrüßung interessiert zu. Eine Vorahnung warnte ihn – er wußte ganz sicher, daß die Begegnung mit dem Mann, der gerade von seinem Pferd gesprungen war, von großer Bedeutung für sein weiteres Leben sein würde. Es war, als ob er eine Gefahr verspürte – dennoch war ihm der Mann nicht unangenehm.

Gerade auf ihr Ziel losgehend und ohne Umschweife und Einleitung klang die Stimme – eine tiefe, wohlklingende Stimme – etwas übermütig und unbescheiden: »Ich hörte, daß du dich nach Island einschiffst. Ich fahre mit dir. Verkaufe mir die Hälfte deines Knörrs, Ornolf!«

Gespannt wartete Olaf die Antwort seines Miteigentümers ab. »Es tut mir leid, Einar, ich habe schon einen Teilhaber.«

Als ob eine Wolke vor die Sonne zöge, so schnell verfinsterte sich das fröhliche Gesicht des jungen Normannen. Die Lippen zogen sich zusammen, der Mund wurde hart; zwischen seinen Lippen, die nicht länger fröhlich, sondern drohend funkelten, erschien eine tiefe Falte.

»Und wer mag der Mann sein, dessen Mut und Gewandtheit du denen von Einar dem Fechter vorziehst?«

Ornolf drehte sich nach Olaf um. Mit einer Kopfbewegung stellte er seinem Gefährten seinen alten Bekannten vor.

»Das ist Olaf Sigurdsson von Angia; wir sind Teilhaber geworden. Ich kann mein Wort nicht zurücknehmen – aber ich nehme an, daß du auf dem Boot von Grim und Thorkel willkommen bist.«

»Ich kann mit ihnen fahren, aber nicht als Teilhaber. Und ich möchte keine Gastfreundschaft, sondern Mitbestimmung!«

Wenn man einmal einen Teilhaber hat, kann man das nicht rückgängig machen. Absprache ist Absprache – ein einmal gegebenes Wort wiegt schwer. Das wußte Einar recht gut. Er drängte nicht weiter. Aber ohne ein Abschiedswort sprang er aufs Pferd und ritt im Galopp fort. Erst als er außer Sicht war, wurden sich die Männer der Anwesenheit des zweiten Reiters bewußt. Im Schritt kam das Pferd näher. Zu seiner Verwunderung sah Ornolf, daß der Reiter eine Frau war. Sie ritt bis dicht vor Ornolf und sprang dann aus dem Sattel. Das Mädchen war ungefähr sechzehn Winter alt und glich auffallend ihrem Gefährten, der inzwischen außer Sicht war. Auch sie war lang und schlank, hatte hübsche Gesichtszüge, eine hohe Stirn und eine gerade Nase. Sie hatte bis zum Gürtel herabhängendes glänzendes, dunkelblondes Haar, das mit einem farbigen Stirnband zusammengebunden war. Sie glühte von dem wilden Ritt, was ihr Gesicht noch anziehender machte. Auch sie hielt es nicht für nötig, einleitende Worte zu sprechen. Sie begrüßte Ornolf mit einem Händedruck und ließ ihre Augen danach langsam über die anderen Anwesenden gleiten, bis sie auf Olaf ruhten.
»Es muß ein besonderer Mann sein, den Ornolf meinem Bruder vorzieht«, sagte sie mit ihrer schönen, für eine Frau ungewöhnlich tiefen Stimme. Dann lachte sie wie bei einem besonders guten Scherz. »Einar ist es nicht gewohnt, vor dem Kopf gestoßen zu werden . . .«
Es klang, als ob es sie erheiterte, als ob sie meinte, daß es ihrem stolzen Bruder nicht schaden würde, wenn er einmal nicht seinen Willen bekam. Bevor jemand etwas hätte antworten können, hatte ihr rascher Geist sich schon wieder auf etwas anderes gerichtet. Neben Olaf stand groß und drohend, als ob es sein Beschützer wäre, der gewaltige blauschwarze Hund. Das Mädchen schien einen Augenblick überrascht zu sein. »Nein, so etwas«, sagte sie, »welch prachtvolles Tier!« Und bevor Olaf es verhindern konnte, tat sie einen Schritt nach vorn und streckte eine Hand nach ihm aus.
»Paß auf!« warnte Olaf erschreckt. »Faß ihn nicht an!«
Varou hatte die Ohren flach zurückgelegt, zog sie Leftzen hoch und zeigte eine Reihe scharfer Zähne. Drohend knurrte er.
Sie tat, als ob sie Olafs Warnungen nicht hörte, als ob sie die drohende Haltung des Hundes überhaupt nicht beeindrucken würde. Indem sie auf ihn einredete, kam sie noch einen Schritt näher. »Sei brav – ich bin ein Freund – ich finde dich großartig.« Ihre Hand lag schon auf seinem Kopf. Ohne eine Spur von Angst, ohne einen

Augenblick zu zögern, streichelte sie dem Hund über den Kopf, den kein Mann je anzufassen gewagt hatte, als ob es ein Lämmchen wäre.
Varou knurrte etwas lauter. Er zeigte ihr immer noch die Zähne, biß aber nicht zu.
Mit unverhohlener Bewunderung starrte Olaf das merkwürdige Mädchen an. Nun wandte sie sich ihm zu. »Ich nehme an, daß Olaf Sigurdsson von Angia dieses prächtige Tier nicht verkaufen will?«
Er antwortete ihr auf die gleiche scherzende Art und Weise. »Welcher Mann verkauft seinen besten Freund?«
Wieder lachte sie. »Dann haben Einar Thorgrimsson und Helga Thorgrimsdottir heute beide eine Niederlage erlitten«, sagte sie. »Nur ich verstehe es und er nicht.«
Jetzt kam Ornolf dazwischen.
»Ich wußte nicht, daß Thorgrims Familie vorhatte, schon so rasch fortzuziehen. Als ich gegen Süden fuhr, war noch keine Rede davon.«
»In wenigen Nächten kann sich vieles ändern. Ornolf«, war ihre Antwort. »Einar hat nach deiner Abreise zwei Steuereintreiber von König Harald erschlagen, die es wagten, uns auf unserem eigenen Grund und Boden lästig zu fallen. Harald hat ihn jetzt für vogelfrei erklärt. Es eilt uns deshalb etwas.«
Das war deutlich gesprochen.
»Ihr wollt also nach Island fahren? Um die Mittagszeit fährt Geirmund aus. Er will nach Schottland. Vielleicht könnt ihr mit ihm fahren.«
»Nein«, sagte sie. »Wir gehen nach Island. Einar wird sich schon eine Lösung ausdenken, um die Überfahrt zu machen.« Sie hatte ihren Fuß wieder im Steigbügel und schwang sich leicht und bequem in den Sattel. Dann hob sie ihre Hand zum Gruß, mehr in Olafs als in Ornolfs Richtung. »Wir sehen uns schon noch einmal«, rief sie fröhlich. »Wenn nicht hier, dann doch sicher auf Island.«
Weg war sie, genau so schnell und plötzlich, wie ihr Bruder verschwunden war.
Es klang mehr als normales Interesse aus Olafs Frage: »Wer sind sie?« Ornolf erklärte es ihm kurz und sachlich. »Thorgrim der Mächtige ist einer der bekanntesten großen Bauern von ganz Sunmore und Nordmore. In seinen jungen Jahren konnte er es im Streit mit den Mächtigsten aufnehmen, und seine Geschicklichkeit beim Wettkampf wurde allgemein gerühmt. Aber Thorgrim ist das

Opfer der Gicht geworden. Er kann sich nicht mehr ungehindert bewegen. Darum überläßt der alte Mann die Arbeit auf seinem Hof größtenteils seinem Sohn Einar dem Fechter. Die Kinder von Thorgrim sind im ganzen Gebiet berühmt. Einar ist ein Hitzkopf – viele gehen ihm aus dem Weg, denn im Kampf sind ihm nur wenige Männer gewachsen. Helga reitet genau so gut wie ihr Bruder und ist auch nicht weniger behende als ein Mann. Aber sie ist viel freundlicher und hat immer merkwürdige Einfälle. Sie verstehen sich bestens, Bruder und Schwester, und ich glaube, daß sie die einzige ist, die sich nicht von ihm maßregeln läßt.«

Olaf sprach nicht mehr davon. Dennoch beschäftigte er sich an diesem Tag, nachdem Ornolf fortgeritten war, in Gedanken dauernd mit der Begegnung von diesem Morgen. Ihm war vollkommen klar, daß er in Einar keinen Freund gewinnen würde. Ohne es zu wissen, hatte er durch seine Teilhaberschaft mit Ornolf einen Mann in seinen Plänen gestört, der nicht gewohnt war, durch wen auch immer, in seinem Vorhaben gestört zu werden. Daraus konnten sich Schwierigkeiten ergeben. Olaf wußte, daß er sich bei späteren Begegnungen vor Einar dem Fechter hüten mußte – und er wußte auch, daß ein solcher Mann nur Achtung vor einem Mann vom gleichen Schlag haben würde.

Den ganzen Tag über stand ihm beim Beladen des Knörrs Helgas Bild vor Augen. Olaf war noch nie einem solchen Mädchen begegnet. Trotz ihrer Jugend war sie eine Persönlichkeit, aber das überraschte ihn nicht einmal so sehr. Es war vielmehr das seltsame Nebeneinander von Frohsinn und Leichtsinn, von Freundlichkeit und Furchtlosigkeit. Die Art und Weise, wie sie Varou gestreichelt hatte . . . Und Varou hatte es hingenommen! Jeder Mann, der seine Hand nach ihm ausgestreckt hätte, würde es schnell bereut haben, aber dieses zarte Kind hatte ihn gestreichelt, und er hatte es zugelassen . . .

Olaf sollte noch mehr Ursache bekommen sich zu wundern!

4 KURS AUF ISLAND

An diesem Mittag fuhr Geirmunds Schiff, von vielen Familienmitgliedern und zurückbleibenden Freunden begleitet, den Raumdalsfjord hinaus. Seine Söhne hatten noch einen Versuch gemacht, um ihn dazu zu bewegen, mit ihnen nach Island zu gehen.
»Die Flüsse sind voll Salm«, hatte Grim gesagt. »Dort ist ausgezeichnetes Land, das man nur in Besitz nehmen muß, zahllose Wale werden angetrieben, und man kann das ganze Jahr über fischen.«
Aber Geirmund war nicht umzustimmen. »Ich gehe nach Westen, nach Schottland«, sagte er. »Da ist gut leben; ich kenne das Land, denn ich bin dort manchmal auf Wikingerfahrt gewesen.«
Nach Geirmunds Abreise wurde es merklich ruhiger am Fjord. Die Boote, die nach Island fahren wollten, lagen nun fast bereit. Sie warteten nur auf die Familien von der Bemannung, die von ihren mehr landeinwärts gelegenen Höfen kommen mußten. Inzwischen überlegten die verschiedenen Bootsbesitzer, wie sie vorgehen sollten. Sie sprachen sich ab, daß sie solange wie möglich zusammenbleiben wollten, aber einander nicht suchen sollten, wenn ihre Boote vom Wind und von Strömungen auseinandergetrieben würden. Einmal den Launen des Ozeans ausgeliefert, war jeder auf sich selbst gestellt. Wenn das neue Land für sie alle gemeinsam in Sicht kam, würde jeder auf einen anderen Teil zusteuern. Grim Geirmundsson würde auf Südosten halten, Ornolf und Olaf auf Norden zu, wo sich Helgi der Magere schon angesiedelt hatte, und Uni der Däne nach Nordosten.
Ornolfs Familie kam als letzte Gruppe am Fjord an. Alle begaben sich an Bord, und an einem strahlenden Tag verließ die kleine Flotte schwerbeladener Knörrs das alte Vaterland. Die Sonne stand hoch am Himmel, der Wind war günstig; viele hatten Opfer gebracht, um die Götter für die lange, ungewisse Reise günstig zu stimmen. Alle Hauptbauern hatten von ihren alten Höfen ihre heiligen Sesselpfeiler mitgenommen, als letzte greifbare Erinnerung an das Land, in dem sie geboren waren.
Man hatte möglichst viel Vieh mittschiffs untergebracht; der Rest war an die Zurückbleibenden verkauft worden. Die kleine Familie Thorgrims des Mächtigen hatte auf dem Boot von Uni Gardarsson Platz gefunden. So gab es für alles eine gute Lösung.
Olaf und Ornolf waren beide gute Seefahrer. Olaf hatte in der See von Aletha manchesmal über Sturm und Wasser gesiegt, und Or-

nolf kannte die Schwierigkeiten der Küstenfahrer an den Küsten Europas entlang. Dennoch war diese Überfahrt nach Island für beide ein Abenteuer, das gefährlich war. In der See von Aletha waren die Entfernungen der einzelnen Inseln untereinander nur gering. Sicherlich gehörte die See von Aletha zu den gefährlichsten Gewässern der Erde, aber keine Fahrt dauerte länger als vierundzwanzig Stunden – nachts waren die Boote fast immer drin. Auch Ornolf war auf seinen langen Fahrten an den Küsten des fränkischen Reichs, Englands und den schottischen Inseln entlang fast immer an Land gegangen, bevor es Nacht wurde, um zu kochen oder um auf festem Boden schlafen zu können. Die Überfahrt von Norwegen nach Island würde schätzungsweise fünf, sechs Tage dauern, und es gab keine Möglichkeit zu landen, keine Gelegenheit, warme Mahlzeiten zu kochen. Es war ein großer Vorteil, daß in diesen Breiten die Sonne im Sommer kaum untergeht. Die Zeit zwischen dem Augenblick, in dem sie hinter dem Horizont versinkt und wieder auftaucht, ist sehr kurz, und in der Zwischenzeit bleibt es immer noch hell. Keine tiefe Finsternis, die es verhindern würde, einem gefährlichen Unterwasserriff auszuweichen – das war eine große Beruhigung. Aber sechs Tage auf einem Boot von fünfzig Fuß Länge mit zwanzig Männern, Frauen und Kindern an Bord sowie einem Schiffsraum voll blökender Schafe, brüllender Kühe und unruhiger Pferde war eine echte Prüfung.
Anfangs ging alles nach Wunsch. Das Wetter war günstig, die Sonne glitzerte auf dem hellen Wasser, die Männer waren aufgeregt und vergnügt, so wie es immer am Vorabend eines großen Abenteuers ist, von dem man sich viel verspricht. Außer Gizur, dem dreijährigen Söhnchen von Ornolf und seiner Frau Astrid, waren noch ein paar kleine Kinder an Bord, die zu den Familien seiner Mannschaft gehörten. Fortwährend mußten die Frauen darauf achten, daß die Kinder nicht über Bord fielen.
Zu Olafs großer Beruhigung war Varou gegenüber den kleinen Schäferhunden an Bord nicht angriffslustig. Er ließ sich von diesen niedrigen Artgenossen ruhig beschnüffeln, ließ sogar zu, daß sie von seinem Fressen mausten und daß sie sich nachts schamlos an ihn drängten und Wärme suchten. Auch die kleinen Kinder betrachtete er gutmütig, und wenn ab und zu eines ungeschickt auf seine Pfote oder seinen Schwanz trat, begnügte er sich mit einem warnenden Knurren. Von den Erwachsenen an Bord ließ er sich noch immer nicht anfassen. Oft stand er auf dem Vordeck, die Nase

im Wind, als ob er über das riesige Wasser erstaunt wäre, das kein Ende zu nehmen schien.
Olaf und Ornolf wechselten einander regelmäßig auf dem Achterdeck am Steuer ab. Jeder hatte an Bord seine Aufgabe. Besonders viel Mühe und Zeit kostete es, den Raum mittschiffs sauber zu halten. In den ersten Tagen war die Stimmung gut. Ungefähr auf halbem Wege zu ihrem Bestimmungsort änderte sich das ruhige Wetter. Der Wind kam aus Süd-Süd-Ost und verursachte eine beträchtliche Dünung. Das Knörr begann zu schlingern und nahm Wasser auf. Die Sonne schien noch, aber im Westen zog über den ganzen Horizont eine Wolkenbank auf, schwarz und drohend. Olaf stand im Ausguck auf dem Vordeck und beobachtete das Geschehen mit einem seltsam unguten Gefühl. Weil der Wind auffrischte, konnten die Zelte für die Nacht auf dem Vor- und Achterdeck nicht aufgestellt werden. Sie mußten diese Nacht an Bord ohne diesen Schutz durchstehen. Hinter sich hörte Olaf das vertraute Stimmengemurmel; ein Kind weinte, das nicht schlafen konnte. Varou lag lang ausgestreckt, den Kopf auf den Vorderpfoten, die Ohren angelegt, neben ihm auf Deck. Die Sonne stand tief oberhalb der Wolkenbank und war blutrot. Die Sonne sank tiefer. Es mußte um Mitternacht sein, als Olaf Tritte hinter sich vernahm. Ornolf hockte sich neben ihn nieder.
»Ich bin unruhig«, sagte er leise zu seinem Gefährten. »Die anderen scheinen nichts zu ahnen, aber ich rechne mit Schwierigkeiten.«
Olaf nickte, ohne zu antworten. Die Sonne verschwand hinter der Kimme, wonach sich das Wetter rasch verschlechterte. Aus bedecktem Himmel strömte plötzlich Regen auf das nun dunkle Wasser. Der Wind heulte klagend in den Wanten. Obwohl es nicht dunkel war, wurde die Sicht sehr schlecht. Himmel und Wasser hatten dieselbe Farbe. In der dunkelgrauen Masse tauchten weiße Schaumköpfe von der anrollenden See auf. Von den andern Schiffen der Siedlerflotte war nichts mehr zu sehen.
Der Wind kam noch immer aus Südosten und nahm etwas ab. Das Wasser um sie herum wurde stets unruhiger, obwohl der Regen aufhörte.
»Ich lasse dich hier ablösen«, sagte Ornolf zu Olaf. »Ruf du die Männer beim Mast zusammen!«
Olaf nickte. Er verschwand schnell, um alle wehrhaften Männer zu warnen, die nicht gerade auf Wache waren und beim Vieh ihre Schlafsäcke ausgerollt hatten.

Ornolf sprach kurz und sachlich zu seinen Männern.
»Ich rechne mit Schwierigkeiten«, tönte seine Stimme aus dem Wind heraus. »Heute nacht geht niemand schlafen. Die Frauen halten die Kinder und das Vieh im Zaum. Ich brauche alle Mann an Deck.«
Sie lauschten den Befehlen ihres Schiffsherrn ohne Widerworte, sich der nahenden Gefahr bewußt werdend und seinem Urteil vertrauend. Ornolf wies jedem eine Aufgabe an. Er ließ Segel reffen und stellte an jedes Seil, das bedient werden mußte, einen Mann. Gesplissene Taue ließ er sofort ersetzen, und die Bordwand wurde mit einem aufgesetzten Bord erhöht. Olaf wurde die Sorge für den Mast anvertraut.
Jeder beeilte sich, die ihm zugewiesene Aufgabe auszuführen. Ornolf hatte sofort wieder seinen Platz auf dem Achterdeck am Ruder eingenommen.
Olaf brachte Varou in den Schiffsraum. Er selbst blieb auf dem Vordeck und spähte über das Wasser. Im Schiffsraum versuchten die Frauen unter aufgespannten Häuten, so gut wie möglich Schutz zu suchen.
Es dauerte nicht mehr lange, bis im Osten eine rote Glut die Ankunft eines neuen Tages ankündigte. In Gedanken segnete Olaf die sehr kurzen Mitsommernächte. Ganz im Finstern würde er sich noch hilfloser gefühlt haben. Bei Sonnenaufgang wurde die Sicht kaum besser.
Der Wind nahm noch mehr ab, und es wurde rasch kühler.
Ornolf stand immer noch auf dem Achterdeck. Seine Erfahrungen mit Wind und Wetter sagten ihm, daß sie sich in der Bahn eines Orkanausläufers befanden, der sich rasch näherte. Er wußte, daß es unmöglich sein würde, das Knörr in einem Orkan auf Kurs zu halten und traf seine Maßregeln. Er ließ die Segel streichen und zog das Steuerruder ein. Dann besetzte er die Ruder mit seinen Männern, um dem vorzubeugen, daß das Boot ohne Segel in der kochenden See von den Wellen auf die Seite gelegt würde, wodurch es vollaufen oder kentern könnte. Alle Zurringe wurden nochmal kräftig angezogen, um einer Verschiebung der Ladung zuvorzukommen, die das Vieh in Panik versetzen könnte. Es wurde fast windstill. Im Westen tauchten schwarze Wolkenbänke auf.
Jeder wartete ab; selbst die Kinder spürten die Spannung und ließen sich nicht hören. Sie saßen mäuschenstill unter den Decken, als ob sie begriffen, daß jetzt keine Zeit zum Quengeln war. Das

Knörr, das im Fjord einen so seetüchtigen, vertrauenerweckenden Eindruck auf die Männer gemacht hatte, war jetzt ganz deutlich ein Pünktchen auf dem unermeßlichen Wasser geworden. Die Männer, die voll Selbstvertrauen ausgefahren waren, übermütig und auf Abenteuer erpicht, fragten sich besorgt, wie sich das Knörr halten würde, ob das schwere Schiff gegen die rauhe See bestehen würde, und jeder für sich wußte, daß die Möglichkeit unterzugehen, sehr groß war. Unbeweglich spähten die Männer nach Westen, auf die rasch nahende Wolkenwand. Einige hatten sich festgebunden, um zu verhindern, daß sie mit einer anströmenden Woge in der Tiefe verschwinden würden.
Dann kam es: Nach einer tiefen Stille, in der alles, was lebte, den Atem anzuhalten schien, nahte eine hohe, schwarze Mauer wie ein gewaltiges Ungetüm. Aus der Stille erklang ein Grollen und Heulen, als ob sich alle Dämonen der See auf die Nußschale stürzten, in der eine Handvoll Menschen versuchte, ein neues Land zu erreichen. Donnernd und tosend traf das Monster das plumpe, schwerbeladene Knörr.
Olaf sah, wie sich der Mast über ihm wie ein Grashalm im Frühlingswind bog. Diese Gewalt war größer, als er erwartet hatte. Und mit Angst dachte er an die Möglichkeit, daß der schwankende Mast die Verbindung der Planken völlig zerstören könnte. Mit Hilfe seiner Männer konnte er den Mast streichen. Inzwischen arbeiteten andere schwitzend an den Riemen, um zu verhindern, daß das Boot auf die Seite gelegt wurde. Die Decke des kleinen Ruderbootes, welches an Bord war, flog in Fetzen davon. Sich umblickend sah Ornolf auf dem Achterdeck, wie das starke, dicke Schleppseil des zweiten Bootes, das hinter dem Knörr hertrieb, wie ein Blumenstengel geknickt wurde und daß das Boot rasch aus dem Blickfeld verschwand.
Dann stürzte der Regen wie ein gewaltiger Wasserfall hernieder. Augenblicklich war jeder an Bord vollkommen durchweicht und ängstlich blökten die Schafe. Im Schiffsraum fiel ein Faß um – ein Kind begann zu schreien. . . .
Das Knörr kämpfte nicht gegen die ihm begegnende Gewalt. Olaf spürte, wie ihn die Wassermassen überrollten, und er war in diesem Augenblick davon überzeugt, daß sein letztes Stündlein gekommen war. Blitzschnell zogen vor seinen Augen Bilder vorbei, Bilder aus seiner Kindheit. Sie werden auf Angia nie mehr etwas von mir hören, dachte er. Imma wird denken, daß ich meine Sippe verleug-

net habe – Sven Haraldsson, daß ich auf Island kein Glück hatte, und darum nicht zurückkomme. Ihm wurde bewußt, daß es wichtig für ihn war, was die alten Menschen von ihm dachten, daß er sich wünschte, sie nicht zu enttäuschen. Es war schwierig, jetzt mit dem Leben abzuschließen, in dem Bewußtsein, noch nichts vollbracht zu haben. Eine ungewohnte Gelassenheit überkam Olaf. Ermüdet und ganz ergeben schloß er sekundenlang die Augen. Wenn dies das Ende sein sollte – dann aber voran! Wenn es nur rasch ging. Ertrinken – versinken in der endlosen Tiefe, wo endlich Ruhe sein würde. Ein Schwall Salzwasser traf ihn wie ein Peitschenschlag ins Gesicht und verschlug ihm den Atem. Er verschluckte sich, hustete, keuchte. Seine klammen Finger ließen den Balken los, an dem er sich die ganze Zeit festgehalten hatte. Er fühlte, wie er abglitt, und er wehrte sich nicht.
Dann war ihm, als ob er im Innern eine vertraute Stimme hörte, eine gebieterische Stimme. »Kämpfe«, sagte die Stimme. »Das Leben ist ein Kampf – und wer nicht kämpfen will, verdient es nicht!« Es war die Stimme seines Großvaters – des Mannes, der ihn gelehrt hatte, die See von Aletha zu befahren. Ohne nachzudenken, handelte er gemäß der Stimme aus der Erinnerung. Während er im eiskalten Wasser unterging, griffen seine steifgewordenen Hände nach einem neuen Halt. Er fühlte etwas Faseriges, packte zu ... Die Welle glitt fort, er konnte wieder Atem schöpfen, bemerkte, daß die Kraft des Sturmes etwas abnahm – daß wieder ein Stück von der Welt auftauchte.
Er schaute um sich, sah die bleichen Gesichter der anderen. Soweit er sehen konnte, war niemand über Bord gegangen. Der Orkan tobte. Er spürte, daß der Wind jetzt aus Nordwesten kam. Die schwarzen Wolken rissen auf. Die Mauer, die sich auf das Knörr gestürzt hatte, raste weiter. Auf dem grauen Wasser um ihn herum bildete sich weißer aufgepeitschter Schaum. Die Wolken über ihm rissen kurz auf – es erschien ein blauer Fleck am Himmel.
Auf dem Achterdeck wußte Ornolf nun, daß das Zentrum des Orkans hinter ihnen lag. Die Sonne schien durch das Loch und malte die seltsamsten Farben auf die See. Es war, als ob sie in einer anderen Welt wären, einer Welt mit so merkwürdigen Farben, wie sie sie noch nie gesehen hatten. Dann sahen die Männer, die sich alle zwischen Wachen und Träumen befanden, in weiter Ferne die ersten Sturmwellen anrollen. Das Knörr lag jetzt quer. Ornolf versuchte verzweifelt, das Schiff mit dem Bug auf die See zu drehen,

bevor man es der hohen Wellen wegen überhaupt nicht mehr lenken konnte. Es gelang ihm nicht. Der Orkan tobte, das Knörr lag ziemlich schief, Schaumfetzen flogen umher. Mühsam kämpfte sich Olaf zum Achterdeck durch, indem er sich an dem Aufsetzbord festhielt. Ornolf blickte auf die Haufenwolken, die pfeilschnell an dem nun blauen Himmel entlangrasten, zum Horizont hin. Die Schaumkronen wurden immer höher.

Dann wies Ornolf zur Seite. Olaf blickte in die angezeigte Richtung. Seine Augen wurden groß vor Schreck. Eine riesige Wassersäule stieg auf, eine gewaltige Welle! Ängstlich fragten sich die Männer, wie sich das Knörr verhalten würde. Würden sie hinaufgetragen werden – oder würde die Wellenkrone über ihnen zusammenbrechen und das Schiff mit Mann und Maus zertrümmern und zerschlagen? Olaf legte den Kopf in den Nacken, um die Krone sehen zu können. Durch den Schutz, den die Wassermauer bot, wurde es kurz vollkommen windstill. Dann stieg das Knörr hoch – höher und höher, bis die Wellenkrone unter dem Schiff hindurchglitt und mit Donnergetöse brach. Die Männer atmeten erleichtert auf. Dann raste eine neue Welle heran – und noch eine – und wieder eine . . . Sie warteten – warteten auf den einen Brecher, der ihrem Leben ein Ende machen würde, der all ihre Hoffnungen, all ihre Erwartungen mit einem Schlag vernichten würde, ohne daß sie etwas daran ändern konnten. Niemand spürte mehr, wie bleischwer seine klatschnasse Kleidung, wie kalt das Wasser war.

Dann verdüsterte eine dunkelgraue Gewitterwolke die Sonne. Während der Sturm toste, schossen gewaltige Blitze durch die Dämmerung. Der Donnerschlag klang ohrenbetäubend. Der Regen strömte hernieder.

Der Donnergott! Der Donnergott warf seinen Hammer durch die Luft. Olaf hatte gesehen, wie Ornolf Thor großzügig geopfert hatte, bevor sie ausgezogen waren. Der rauhe Donnergott, Odins Sohn, war ein Freund der Islandfahrer. Von allen Asen und Wanen lag er den Wikingerbauern am meisten am Herzen. Er würde sie nicht so ohne weiteres umkommen lassen. Aber die Dämonen der See, die Monster, die sie mit den großen Drachenköpfen an den Booten hatten abschrecken wollen, gaben sich noch nicht geschlagen. Stritt Thor nun mit Mjöllnir gegen die Dämonen, die ihnen die Überfahrt verwehrten?

Die Zeit stand still. Wie lange währte der Sturm nun schon? Olaf konnte es unmöglich schätzen. Es erschien ihm wie eine Ewigkeit,

aber vermutlich dauerte es nicht länger als einen halben Tag. Es war als ob sie in diesem kleinen Boot die einzigen Lebewesen auf dem Ozean der Welt waren.
Dann mußte Olaf an eine alte Geschichte denken, die seine Großmutter Imma ihm, als er noch klein war, erzählt hatte. Es war die Geschichte eines Mannes, der von seinem Gott den Befehl bekommen hatte, ein Boot zu bauen, auf das er sich mit seiner Familie und mit zwei Tieren von jeder Art vor dem Weltuntergang in den Wellen retten sollte. Er hatte das Gefühl, daß er dieser Mann war, daß sein Boot die einzigen Lebewesen an Bord hatte und um sie herum nichts war als Wasser, Wasser. Die Dämonen schienen erschöpft. Es wurde merklich wärmer. Das Knörr war nicht gesunken.
Olaf wischte die Salzkruste aus seinem Gesicht. Der Sturm legte sich. War dies eine Prüfung gewesen? Ein Mittel, um den übermütigen Siedlern klarzumachen, daß es nicht so einfach war, sich nach einer neuen Welt einzuschiffen, um das von keinem Menschen bewohnte Land zu finden, um es nur in Besitz zu nehmen?
Erst jetzt spürten die Männer an Deck, daß sie todmüde waren. Wer eben entbehrt werden konnte, wurde von Ornolf zum Schlafen hinuntergeschickt. Die Männer taumelten zu dem Schiffsraum, wo sie wie ein Stein niedersanken und unmittelbar danach einschliefen. Wer nicht entbehrt werden konnte, belebte sich mit Met aus dem Faß, das die Frauen angestochen hatten. Auf der Dünung des Ozeans war kein anderes Boot zu sehen.
Olaf wurde von einer seltsamen ausgelassenen Stimmung erfaßt. Das heißt Leben! dachte er. Dröhnend schlug er Ornolf auf die klatschnasse Schulter. »Wir leben noch, Kamerad!« erschallte seine junge, durch die Spannung rauhgewordene Stimme. »Heio! Kurs Island!«

5 ES GEHT UM EIN CURRACH

Das Knörr hatte seine Eignung im tiefen Wasser bewiesen. Natürlich war es nicht ohne Schaden aus dem Kampf hervorgegangen. Der Schaden war jedoch derart, daß die Reise nach notdürftigen Ausbesserungen fortgesetzt werden konnte. Die Männer sprachen mit großer Achtung von dem Schiff, als ob es ein lebendiges Wesen

sei, das sich im Kampf bewährt hatte. Wer anfangs das plumpe Knörr noch mißtrauischen Blickes mit den viel schlankeren und hübscheren Drachenbooten verglichen hatte, änderte sein Urteil. Jeder wußte, daß es diesmal nicht ihre Seemannskunst gewesen war, die sie vor dem Untergang gerettet hatte, sondern die Kunst des Bootsbauers, der das Wikingerschiff gebaut hatte.
Natürlich hatte ihnen der Orkan eine Verspätung eingetragen. Es war unangenehm, daß sie die Verbindung zu den anderen Booten verloren hatten, aber nicht entscheidend. Nach einer solchen Lage war jeder auf sich selbst gestellt.
Nach dem Unwetter blieb der Himmel bedeckt. Es war ein Glück, daß Ornolf einen Solarstein besaß, mit dem er die Sonne hinter der Wolkendecke finden konnte. Es dauerte allerdings geraume Zeit, bis es ihm glückte.
»Sieh«, rief er Olaf zu. Der Stein, der aus Norwegen kam, wo er als Kiesel gefunden wird, und der dunkellila aussah, war plötzlich fast farblos geworden – sobald ihn Ornolf der Wolkendecke entgegenhielt und die richtige Stelle gefunden hatte, erhielt er seine ursprüngliche Farbe zurück. »Wo sich seine Farbe ändert, da ist die Sonne.«
Ornolf schlug einen anderen Kurs ein, seinen Solarstein barg er wieder in einem besonders dafür am Gürtel befestigten Säckchen. Zum ersten Mal hatte Olaf erlebt, wie ein Sonnenschein benutzt wurde. Es wurde ihm bewußt, daß es wichtig war, einen solchen Stein zu besitzen; er nahm sich vor, einen zu kaufen, sobald sich die Gelegenheit bot.
Am sechsten Tag nach ihrer Ausreise vom Raumdalsfjord meldete der Ausguck: Land in Sicht. Ornolf kam selbst auf das Vordeck. Seine Falkenaugen spähten zum Horizont. Ganz undeutlich, kaum vom aufgewühlten Wasser zu unterscheiden, zeigte sich ein dunkler Streifen an der Grenze zwischen Himmel und Wasser.
»Wir wollen vorsichtig sein«, sagte Ornolf zu Olaf. »Laß den Drachenkopf verschwinden!«
Vor der Abreise war von allen Schiffern darauf gedrängt worden, die Drachen- und Schlangenköpfe, die ihre Boote zierten und die während der Überfahrt die Dämonen der See abschrecken sollten, zu entfernen, sobald sie sich Island näherten. Es war nicht ratsam, so sagte man, den Geistern des neuen Landes einen Schrecken einzujagen.
Der Drachenkopf von Ornolfs und Olafs Knörr hatte ein weit auf-

gerissenes Maul – er machte keineswegs einen friedlichen Eindruck. Es war eine schwierige Sache, das schwere Ungetüm vom Bug zu entfernen, aber endlich lag es an Deck und konnte mit vereinten Kräften im Schiffsraum untergebracht werden. Inzwischen war der Streifen am Horizont merklich größer geworden. Es war Olaf fast feierlich zumute, als sie gerade darauf zuhielten.
Langsam – zu langsam in den Augen der neugierigen Siedler zeichneten sich die Umrisse des neuen Landes ab. Dunkle Berge ragten auf und dahinter, weißglänzend und funkelnd in der Sonne, eine gewaltige Eisfläche, die sich in südlicher Richtung erstreckte. Ornolf ließ geradewegs aufs Land zu segeln. Je näher sie kamen, desto mehr fielen die seltsamen Bergformen auf. Manchmal waren sie rund, dann wieder sehr spitz oder abgeflacht. Buchten wurden von Schären fast abgeschlossen. Vor der Küste lag eine grüne Insel, die sie südlich von sich liegenließen, um in einen gewaltigen Fjord hineinzufahren, der einladend vor ihnen lag. Alle Männer und Frauen standen an Deck und starrten erwartungsvoll auf das Land, das jetzt ihr Land werden sollte. Das Ziel der Reise war erreicht, sie hatten allen Grund zur Freude, dennoch war der ganzen Mannschaft beklommen zumute. Schweigend standen sie dort, erwartungsvoll aber auch mit einer gewissen Scheu. Wie würde sie das neue Land empfangen? Würde es die Neuankömmlinge als Eindringlinge oder als Freunde betrachten?
Ornolf und Olaf hatten alle Hände voll zu tun, um das Boot zu lenken. Das Segel war nun gestrichen, das Knörr suchte langsam einen Weg, indem es nur von den Ruderern fortbewegt wurde. In dem Augenblick, als sie rund um die grüne, herausragende Landspitze fuhren, die den Fjord bis auf eine schmale Einfahrt abschloß, erklang ein Schrei aus vielen Kehlen, ein Freudenschrei, der von der ganzen Schiffsmannschaft aufgenommen wurde, ein Jubel und ein Geschrei, das vom Fjord aus erwidert wurde. Denn dort standen auf dem abfallenden Ufer viele Männer und Frauen. Sie starrten auf die Einfahrt: zwei Knörrs lagen im ruhigen Wasser vertäut. Es waren die Boote von Grim und Thorkel Geirmundsson und Uni Gardarsson, die im selben Fjord Zuflucht gesucht hatten, nachdem sie den Sturm überlebt hatten.
In dieser Nacht wurde ausgiebig gefeiert. Feuer lohten auf, geschlachtete Schafe wurden gebraten. Man konnte sich zum ersten Mal an frischem Fleisch gütlich tun – ein wahrer Genuß nach sechs Tagen und Nächten, in denen es nur Trockenfisch und Fladenbrot

gegeben hatte. Es war als ob die blauen Berge aus der Ferne zusähen und sich über die seltsamen Wesen wunderten, die an der Küste gelandet waren.
Als die Sonne gegen Mitternacht für kurze Zeit hinter den Bergen verschwand, lagen die ermatteten Segler in ihren Schlafsäcken um das noch schwelende Feuer, viele zwar benebelt vom mehr als reichlichen Metgenuß.
Olaf hatte den Kopf auf Varous Rücken gelegt und starrte in der Dämmerung zu den Bergen hin. Er hatte das Gefühl, daß ihn viele Augen beobachteten – dennoch war niemand zu sehen, so weit das Auge reichte. Um ihn herum war nur lähmende Stille, beklemmende Stille. Olaf fiel in einen unruhigen Schlaf. Beim ersten Schlaf auf Islands Boden hatte er einen seltsamen Traum. Er stand an der Fjordmündung und sah in der Ferne die grüne Insel liegen, an der sie mittags vorbeigekommen waren. Der Abstand war so groß, daß er nur einen grünen Fleck erkennen konnte, der aus der grauen See aufragte. Dann war es, als ob die Insel näher käme. Sie wurde größer und größer, bis er ganz deutlich eine menschliche Gestalt am Ufer stehen sehen konnte. Es war ein Mann in einem langen Gewand, der eine Kapuze über sein Haupt gezogen hatte, unter der nur eine scharfgeschnittene Nase und ein Spitzbart sichtbar wurden. Es war, als ob der Mann erschrak. Mit einem Ruck drehte er sich um und lief vom Wasser fort quer über die Insel. Olaf konnte ihm noch einige Zeit mit den Augen folgen, dann war er im Gebüsch verschwunden.
Varou wälzte sich auf die andere Seite und weckte dadurch seinen Herrn. Olaf drehte sich auch in seinem Schlafsack um. Aber er konnte nicht mehr einschlafen. Seine Augen glitten über den langsam heller werdenden Himmel. Er konnte nicht lange geschlafen haben und meinte, der einzige zu sein, der in diesem Augenblick im Lager wach war. Er mußte immer wieder an diesen Mann ihm gegenüber auf der grünen Insel denken. Was bedeutete dieser Traum? War es eine Warnung, wie er sie öfter im Traum empfangen hatte? Geräuschlos stand Olaf auf und schlich leise um seine schlafenden Kameraden herum, während ihm der Hund wie ein Schatten folgte. Das Vieh graste an Stricken angebunden, einige Kühe käuten wieder. Sie hoben träge die plumpen Köpfe, als er sich näherte. Ein bißchen weiter an einem zweiten Feuer lagen die Männer und Frauen von Grims Schiff – und an dem am weitesten entfernten Feuer wußte er die Leute von Uni Gardarsson. Nir-

gendwo war eine Wache aufgestellt. Man befürchtete keinen Überfall – hier wohnten doch keine Menschen!
Langsam ging Olaf zur Fjordeinfahrt. Deutlich konnte er die kleine Insel vor der Mündung liegen sehen. Sie schien nun nicht mehr so grün zu sein wie bei Tag, als sie daran vorbeifuhren.
Lange stand Olaf dort und starrte auf die See hinaus. Varou, neben ihm, stellte die Ohren auf und blickte in dieselbe Richtung. Warum starrte auch er ununterbrochen nach dem grauen Fleck auf dem glitzernden Wasser? Er knurrte leise.
»Still, Varou«, sagte Olaf. »Dort ist nichts, dort wohnen keine Menschen!« Dennoch ergriff ihn ein unbehagliches Gefühl. Die kleine Insel hatte etwas Geisterhaftes an sich – ihm kam der Gedanke, daß es vielleicht die Wohnstätte von Trollen war.
Wieder knurrte Varou, aber jetzt wandte er den Kopf den Sträuchern hinter ihm zu. Ein Zweig knackte. Olaf sah über seine Schulter zurück. Die Stämme von ein paar kleinen Zwergbirken leuchteten weiß im grauen Licht des anbrechenden neuen Tages. Gegen einen Stamm gelehnt stand dort ein Mann. Ohne nachzudenken faßte Olafs rechte Hand den Dolchgriff. Der Mann teilte das Gebüsch und kam auf ihn zu.
Olaf hatte seit seiner Abreise aus dem Raumdalsfjord Einar Thorgrimsson nicht mehr gesehen, bis er ihn an diesem Mittag aus der Ferne in der Gruppe Uni Gardarssons erkannt hatte. Einar grüßte nicht. Wie es seine Gewohnheit zu sein schien, kam er sofort zur Sache.
»Ich sah dich nach der Insel starren, Fremdling«, sagte er. »Ich frage mich, ob du einen Grund dafür hast.«
Obwohl Einars Haltung nicht eindeutig feindseilig war, ärgerte Olaf die Tatsache, daß ihn der Mann »Fremdling« nannte. Konnte er noch deutlicher ausdrücken, daß er Olaf nicht als Gleichgestellten in ihrer Mitte ansehen wollte? Varou knurrte ganz leise aus tiefer Kehle. Er bebte am ganzen Körper.
Olaf beschloß, die Herausforderung nicht zu beachten, und antwortete vollkommen unbefangen.
»Ich konnte nicht einschlafen.«
Einar stand jetzt neben ihm und blickte auch zu der Insel hin. Er überragte den doch schon langen Olaf noch etwas und hatte auch etwas breitere Schultern. Vermutlich war er einige Jahre älter als Olaf. Mit tiefer Stimme, aus der nun der fröhlich übermütige Klang verschwunden war, begann er erneut zu sprechen. »Ich frage mich,

Fremdling, ob du heute mittag dasselbe wie ich gesehen hast.« Gesehen, fragte sich Olaf. Ich habe doch nichts gesehen. Er kann doch nicht wissen, was ich gerade geträumt habe? Laut sagte er: »Als wir vorbeifuhren, sah die Insel ganz grün aus. Aber ich habe nicht weiter darauf geachtet; obendrein war die Entfernung zu groß, um viel erkennen zu können.«

Einar sah ihm jetzt ins Gesicht. Es war als ob jedes Wort, das er sagte, besonderen Nachdruck bekam. »Wir sind dicht daran vorbeigefahren; ich habe einen Mann auf dieser Insel gesehen. Fremdling, einen Mann in einem langen Gewand mit einer Kapuze. Ich will wissen, was das zu bedeuten hat.«

Ein Mann in einem langen Gewand mit einer Kapuze! Das war genau das Traumbild, das Olaf gesehen hatte. Merkwürdig, daß der andere gesehen hatte, was ihm selbst im Traum begegnet war.

»Dort kann niemand sein«, sagte Olaf vorsichtig. »Ich will es wissen«, sagte Einar, jetzt auf einmal viel lebhafter. »Wer sagt, daß wir die ersten sind, das Land in Besitz zu nehmen? Es können uns andere Völker zuvorkommen wollen. Ich will wissen, woran ich bin. Ich fahre dorthin.«

Er wartete kurz. Dann kam es: »Kommst du mit, Fremdling? Oder traust du dich nicht?«

Olaf wußte, daß das letzte beleidigend gemeint sein sollte, daß einer solchen Bemerkung wegen viele hitzköpfige Wikinger schon zu den Waffen griffen. Dennoch konnte er einer solchen Kleinigkeit wegen einfach nicht wütend sein. Es war nur unangenehm, und er nahm sich vor, dem andern die schlechten Manieren abzugewöhnen.

»Laß uns zusammen hinfahren«, sagte er. »Es könnten dort Schiffbrüchige gelandet sein. Das werden wir dann schon sehen. Übrigens bin ich kein Fremdling, sondern ein Normanne, genau wie du! Ich bin nur etwas weiter in der Welt herumgekommen.«

Das saß! Die grauen Augen des andern funkelten wütend, aber er wußte so rasch kein Widerwort – er ließ es dabei bewenden.

Nebeneinander, den Hund einen Schritt hinter sich, gingen die Männer zum Lager zurück, wo schon verschiedene erwacht waren. Sie nahmen das kleine Boot, das Unis Knörr im Schlepptau hatte, und fuhren zum Fjord hinaus.

Vom Lager aus blickten ihnen einige Gefährten nach, aber die meisten schliefen noch.

»Muß das Kalb unbedingt mit?« hatte Einar auf Varou deutend ge-

fragt. Die Anwort war genau so kurz und deutlich: »Das Kalb kommt mit!«
Sie hißten das kleine Segel und sprachen weiter kein Wort miteinander. Ab und zu brach die Sonne durch die Wolken. Dann färbte sich das Wasser des Fjords tiefblau. Auf den Felsen nisteten Alken und Lundis. Brandseeschwalben tauchten fortwährend auf das kleine Boot zu. Es war, als ob sie die Eindringlinge von ihren Brutplätzen verjagen wollten. Es war ein heller und kalter Morgen. Eine flotte Brise blähte das Segel; sie schossen rasch über das Wasser. Die Insel wurde zusehends größer.
Sie war jetzt wieder grün und ragte ein Stück aus dem sie umgebenden Wasser heraus. So gesehen konnte man kein Lebewesen erkennen.
Einar, der am Steuer stand, lenkte das Boot an der Westküste der Insel entlang zur Südspitze, wo er am gestrigen Tag die Gestalt gesehen zu haben glaubte. Nichts als das Rauschen der See, das Kreischen der Vögel, das Schwappen des Wassers gegen das Boot. An einer günstigen Stelle fuhren sie geradewegs auf die Insel zu, sprangen an Land und vertäuten das Boot in einer geschützten Bucht. An spitzen und glatten Felsen vorbei erklommen sie wie zwei Gemsen das Ufer. Als sie einmal oben waren, überblickten sie das ganze grüne Stückchen Land. Es war unebenes Gelände, welches mit dichtem, harten Gras und Moos bewachsen war. Bäume gab es dort nicht, einige niedrige Sträucher, mehr nicht. Ungefähr mitten auf der Insel war eine tiefe Kuhle, die von allen Seiten Schutz gegen den Wind bot. Und dort im Windschatten lagen einige Schafe, die erschreckt aufsprangen, als sich die Männer mit dem großen Hund näherten.
Einar sagte zuerst etwas. »Wo Schafe sind, sind Menschen!«
Olaf nickte. Seine Hand lag wieder am Dolch, bereit, bei der geringsten Gefahr zuzustoßen. Varou wartete auf einen Befehl seines Herrn. Am liebsten wäre er sofort auf die Schafe losgegangen.
Langsam gingen die Männer den Abhang hinunter. Und dort auf halber Höhe am Hügel lag, halb in den Boden gebaut, halb von einem überhängenden Felsen geschützt, der Eingang der Hütte. Das Gras vor der Behausung war niedergetrampelt, und auf einem kahlen Fleck Erde sah man deutlich den Abdruck eines Menschenfußes. Vorsichtig und wachsam schlichen die Männer näher. Außer dem Blöken der verschreckten Schafe und dem Kreischen der Vögel war nichts zu hören. Der Wind strich durch das hohe Gras und

raschelte in den niedrigen Sträuchern bei der Hütte. Einar hatte den Eingang zuerst erreicht. Vorsichtig stieß er die Tür auf. In dem dunklen Raum erkannte er eine Herdstelle mit einem Schemel, worauf ein eiserner Kochtopf stand. Er streckte die Hand aus und fühlte, daß die Asche noch warm war. Es dauerte, bis sich ihre Augen an das Halbdunkel der Hütte gewöhnt hatten. Dann schauten sie sich genauer um und fingen an, Kleinigkeiten zu unterscheiden. Man sah eine Tafel, eine rohe Holzbank. In einer Ecke lag ein Stapel Heu, auf dem vermutlich geschlafen wurde. Sonst schien die Wohnung verlassen.

Olaf war es, der die kleine hölzerne Kiste in der Seitenwand entdeckte. Sie stand in einer Nische, und durch die davor stehende Bank war sie nicht sofort aufgefallen. Sie schleiften die Kiste in die Mitte des Raumes, wo sie besser sehen konnten und klappten den Deckel auf. Einar schob die Fischhaut beiseite, die vor das Windauga geschoben war, und in dem einfallenden Sonnenlicht konnten sie den Inhalt der Kiste erkennen.

Es war nicht viel: Eine wollene Kutte, eine große, bronzene Glokke, ein zerbrochener Stab, dessen oberes Stück in einer Locke endete, und die Reste eines beschriebenen Pergamentes. Einar hob das Bündel auf und besah es neugierig, ohne zu begreifen, was er in Händen hielt. Aber Olaf erkannte dessen Bedeutung.

»Handschriften«, sagte er. »Hier haben gelehrte Männer gewohnt, Männer, die schreiben konnten. Ich habe so etwas öfter in Aletha und Dol gesehen. Ich glaube, daß wir es hier mit Klausnern zu tun haben.«

»Das Feuer ist noch warm«, sagte Einar. »Sie müssen noch in der Nähe sein.« Sie verließen die dumpfe Hütte und standen wieder draußen im Wind. Dann ließ Olaf Varou an der Kutte schnuppern. »Such, Varou«, sagte er leise, »Such!«

Der Hund stob fort. Wenn jemand auf der Insel war, der denselben Geruch wie die Kutte hatte, dann würde ihn der Hund finden und seinen Herrn durch Bellen warnen. So hatte er es auf Angia gelernt. Olaf wußte, daß er sich auf den Hund verlassen konnte, und blieb abwartend auf dem Hügel sitzen. Es dauerte nicht lange, und der Hund kam unverrichteter Dinge zurück.

»Das dachte ich mir schon«, sagte Olaf. »Hier sind Menschen gewesen, aber ich nehme an, daß sie in dieser Nacht geflüchtet sind.« Sie stiegen wieder zum Wasser hinunter. Auf der anderen Seite des Felsens, wo sie ihr Boot befestigt hatten, fanden sie ein kleines Ruderboot, ein merkwürdiges Ding mit Haut bespannt. Sie banden es hinter ihrem eigenen Boot fest, nahmen die in der Hütte gefundenen Gegenstände mit und segelten zum Fjord zurück, wo ihre Gefährten schon Ausschau hielten.

Die Nachricht verbreitete sich wie ein Lauffeuer. Menschen auf der Insel! Menschen, die sich auf dem Boden angesiedelt hatten, den die Normannen in Besitz nehmen wollten. Viele gerieten sofort in Kampfstimmung. Einige merkten verdrießlich, daß sie dann gleich hätten zu Hause bleiben können. Olaf versuchte, die Angelegenheit im rechten Verhältnis zu sehen.
»Hört zu!« rief er laut durch das unzusammenhängende Gerede der Siedler hin. »Ohne Zweifel sind vor uns Menschen hier gewesen. Aber genauso, wie sie hier gewohnt haben, sind sie auch wieder abgesegelt. Ich komme von den Inseln in der See von Aletha. Ich habe dort auf einsamen Felsnadeln ähnliche Behausungen angetroffen. Die Menschen, die sichtlich diese Nacht geflohen sind, sind keine Krieger, sondern Klausner. Sie sind wahrscheinlich von den Färöer gekommen, Einsiedler, die nur auf Grund der Gesetze ihres christlichen Glaubens in Einsamkeit leben wollen. Sie tun niemandem etwas zuleide, sie verteidigen sich nicht einmal, wenn sie angegriffen werden; ihr seht doch, daß sie geflohen sind!«
Jeder hörte aufmerksam zu, was Olaf zu sagen hatte. Die Normannen kannten keine Klausner. Es dauerte geraume Zeit, bis sie begriffen, was Olaf Sigurdson von Angia meinte. Aber ganz ließen sie sich nicht beruhigen.
»Vielleicht sind sie die Wachtposten einer großen Siedlergruppe«, rief jemand aus Unis Gefolge. »Vielleicht warnen sie ihre Gefährten auf Island und fallen uns gleich in den Rücken. Woher sollen wir wissen, ob in den Bergen Menschen hausen?«
Wieder war es Olaf, der antwortete. »Denkt doch einmal nach, Menschen!« schrie er, um sich bei dem Durcheinander der Stimmen verständlich zu machen. »Die Hütte kann nur für zwei oder drei Mann Platz geboten haben! Sie haben dort auf der Insel vom Fischfang gelebt, und von dem was ihnen die Schafe geben konnten. Es sind gewiß nicht mehr gewesen. Glaubt mir doch! Ich weiß sicher, daß es Einsiedler waren, denn sie haben eine Handschrift zurückgelassen, und welcher Krieger beschäftigt sich mit Handschriften? Obendrein lag in der Kiste eine alte Mönchskutte – ich kenne diese Dinge aus dem Frankenland. Übrigens da ist auch

noch die Bronzeglocke! Eine Glocke, die nur Menschen haben, die christliche Kirchen bauen. Sie sind diese Nacht weggefahren. Das Feuer in ihrem Herd war noch warm. Ein leckes Boot haben sie zurückgelassen und ein paar Schafe. Die Patres kommen nicht mehr zurück. Das Land ist unser!«

Jedermanns Interesse galt jetzt dem kleinen merkwürdigen Boot, das Einar und Olaf mitgenommen hatten. Es hatte eine Form, die die Wikinger nicht kannten, sichtlich ein Fahrzeug, das nur zum Fischen in den Fjorden und an der Küste entlang gebraucht wurde. Der ganze Rumpf war mit Haut bespannt – eine Bauart, mit der sie in Norwegen nicht vertraut waren.

»So sind die Boote der Männer aus dem Westen«, sagte Olaf sachkundig. »Sie nennen sie Currachs. Ich habe zwar selbst noch keines gesehen, doch weiß ich, daß diese Männer ihre Boote mit Haut verkleiden. Wenn das Leck abgedichtet ist, haben wir ein gutes Boot daran. Das trifft sich gut, weil wir im Orkan unser kleines Boot verloren haben.«

Neben ihm sagte eine dunkle Stimme mit unangenehmem Tonfall: »Boot und Gegenstände sind mein Eigentum, Olaf von Angia! Hast du etwa vergessen, daß ich zuerst vorschlug, auf die Insel zu fahren? Du warst bei der Unternehmung nur mein Gast.«

Überrascht sah Olaf auf. Die Männer und Frauen um ihn herum waren zu sehr miteinander beschäftigt, um dem Wortwechsel zwischen den beiden Männern folgen zu können. Es gab nur eine, die in einigen Metern Entfernung die Meinungsverschiedenheit mit unverhohlenem Interesse verfolgte, Helga Thorgrimsdottir, die hübsche Schwester von Einar! Sie mischte sich mit keinem Wort in das Gespräch ein, aber ihre Haltung zeigte mehr als die übliche Anteilnahme.

Olaf überkam kurz ein Gefühl des Unmuts, er mußte sich beherrschen, um eine scharfe Antwort zu unterdrücken. Was bildete sich der Kerl bloß ein? Aber weil Olaf mehr Selbstbeherrschung besaß als die meisten jungen Leute seines Alters, versuchte er obenhin zu antworten: »Was wir zusammen erbeutet haben, steht uns natürlich gemeinsam zu, Einar Thorgrimsson. Ich schlage vor, das Boot und die Handschrift zu behalten, dann bist du mit den anderen Gegenständen und den Schafen, die noch auf der Insel grasen, immer noch im Vorteil.«

Sie standen jetzt nur noch zu dritt auf dem offenen Fleck bei dem Lagerfeuer. Die anderen untersuchten beim Wasser die merk-

würdige Bauweise des erbeuteten Bootes. Die Frau blieb im Hintergrund, dennoch entging ihr kein Wort.
Einar hob die Schultern. Sein Gesicht nahm einen noch stolzeren Ausdruck an. Dann hatte er einen Einfall und grinste. Herausfordernd klang seine Stimme – und schon von vornherein von seinem Sieg überzeugt.
»Wir könnten darum kämpfen? Was hältst du von einer Partie Glima?«
In diesem Augenblick wußte Olaf, daß der andere nicht ruhen würde, bevor er eine Kraftprobe gewagt und einen Sieg über ihn errungen hatte, um die Achtung des anderen zu erzwingen.
Leichthin sagte er: »In Ordnung! Wenn du gewinnst, gehört dir alles! Wenn ich gewinne, will ich nur das Boot und die Handschrift, denn ich bleibe der Meinung, daß jedem von uns die Hälfte der Beute zukommt.«
»Ich will erst etwas essen«, sagte Einar. »Wenn die Sonne den höchsten Punkt erreicht hat, treffen wir einander in diesem Lager!«
Ohne ein weiteres Wort über die Sache zu verlieren, drehte er sich um und verschwand. Das Mädchen folgte dem Bruder nicht. Es ging ein paar Schritte auf Olaf zu.
»Einar gewinnt immer«, sagte sie leise. Etwas an ihrem Tonfall rührte Olaf. Es war, als ob sie ihn warnen wollte.
Er sah ihr geradewegs in die Augen. »Wer der Stärkste in einem Kampfspiel ist, dem gebührt der Sieg. Ich bin für eine ehrliche Kraftprobe!«
Sie maß ihn vom Kopf bis zu den Füßen. Dann sagte sie etwas sehr Merkwürdiges: »Ich werde selbst zusehen – und ich hoffe, daß du gewinnst, Olaf von Angia.«
Sie wandte sich rasch um und ging zum Lager zurück. Der Wind ließ ihre Röcke wehen und blies ihr langes Haar wie einen Schleier in die Luft. Verblüfft sah Olaf ihr nach.

Als die Sonne ihren höchsten Stand erreicht hatte, herrschte ein großes Gedränge bei dem Lager von Ornolf und Olaf. Fast alle Mannschaften der drei Boote hatten sich rund um den abgegrenzten Kampfplatz versammelt. Denn eine gute Partie Glima wurde immer geschätzt. Die meisten Männer machten kein Geheimnis daraus, daß es für sie klar war, wer gewinnen würde. Einar war rund um den Raumdalsfjord ein anerkannter Glimameister gewesen – dennoch war jeder gespannt auf die Geschicklichkeit von

Olaf von Angia, auf die Gewandtheit des Mannes, der erst so kurz in ihrer Mitte war und nicht gezögert hatte, die Herausforderung Einars anzunehmen.

Auf einer von der Natur geschaffenen Anhöhe saßen die Frauen. Wer gut zuhörte, merkte bald, daß das Mitgefühl im allgemeinen dem Neuling galt, obwohl auch den Frauen Einars Fähigkeiten bekannt waren. Viele hatten auf die eine oder andere Weise mit Einars Grobheit Bekanntschaft gemacht und sich über seinen Stolz geärgert. Frauen, die Einar zum ersten Mal begegneten, betrachteten sein hübsches Gesicht, seine athletisch gebaute Gestalt mit mehr Interesse als üblich.

Aber die Frauen aus dem Norden haben ihren eigenen Stolz. Und sobald sie merken, daß ein Mann davon überzeugt ist, daß er bekommen kann, wen er will, daß er es nicht für nötig hält, sich der Frau mit gebührendem Anstand zu nähern, wehrt sich ihr Selbstgefühl dagegen. Die meisten Frauen kannten Einar so gut, daß sie ihn nicht leiden konnten.

Olaf hatte Varou sicherheitshalber zum Boot gebracht. Er bezweifelte, daß der Hund sich nicht einmischen würde, wenn er seinen Herrn in einen Kampf verwickelt sah.

Ornolf hatte den Kampfplatz mit Tauen eingegrenzt. Er machte ein sorgenvolles Gesicht. »Ich wollte, du wärest auf die Herausforderung nicht eingegangen«, raunte er Olaf zu. »Du kennst ihn noch nicht. Man geht ihm besser aus dem Weg!«

Olaf war erstaunt. »Hältst du das Boot nicht wertvoll genug für einen Wettkampf?«

»Ich verzichte lieber auf dieses Boot, als daß wir auf Island in eine Fehde mit Thorgrims Sohn verstrickt werden. Du weißt, warum er es so eilig hatte, aus Norwegen fortzukommen. Er ergreift jede Gelegenheit, um Streit anzufangen – er heißt nicht umsonst Einar der Fechter!«

Olaf wollte die Sache nicht so düster sehen.

»Ein Wettkampf ist kein Gefecht«, sagte er kurz angebunden. »Der Mann scheint obendrein nicht hinterlistig zu sein, der sich nicht an Spielregeln hält, wenn er auch ein Hitzkopf ist.«

Uni übernahm die Leitung. Er sprach zu der Menge und erklärte, worum es bei dem Wettstreit ging. Inzwischen hatte Ornolf die Männer auf den Kampf vorbereitet. Sie erschienen nur mit Hemd und Hose bekleidet im Ring. Beide hatten einen festen Gürtel um die Taille und einen Riemen um den rechten Schenkel. Die Gegner wurden einander gegenübergestellt und ergriffen einander mit der rechten Hand fest am Gürtel und mit der linken am Band, das um den rechten Schenkel des anderen befestigt war.

Sie sollten sich nur in einer Richtung, nach links bewegen und einander nicht auf die Füße schauen, die in dem meist kurzen Wettkampf eine bedeutende Rolle spielten. Wer es schaffte, seinen Gegner mit irgendeinem Körperteil oberhalb des Knies oder des Ellenbogens auf den Boden zu zwingen, der hatte die Runde gewonnen. Auf ein Zeichen von Uni begann der Wettstreit.

Olaf hatte auf Angia mit seinem Bruder Bjorn Glíma geübt. Aber Einar hatte viel mehr Übung als Olaf. Er rechnete darum auch damit, daß er ein Schauspiel daraus machen konnte, seinen Gegner dort hinzulegen, wohin er ihn haben wollte. Auf gute Wirkung erpicht, bemühte er sich anfangs nicht besonders, sondern drehte sich nur etwas, ohne anzugreifen. Das war nicht klug, denn in dieser kurzen Zeit hatte Olaf Gelegenheit, aus den Bewegungen seines Gegners das eine oder andere zu entnehmen. Er wußte sofort, daß Einar ihm an Körperkräften überlegen war. Aber er spürte auch, daß seine eigene Stärke darin lag, fortwährend auf der Hut zu sein und das Gleichgewicht zu behalten. Als Einar meinte, die Zuschauer genug in seinen Bann gezogen zu haben und als er seine erste ernstgemeinte Bewegung ausführte, um den anderen durch eine unerwartete Drehung zu Boden zu bringen, stieß er auf einen Widerstand, den er nicht erwartet hatte. Der Ausfall mißglückte – durch die Zuschauerreihen ging ein zustimmendes Gemurmel – Olaf betreffend. Einar wurde wütend. Olaf hörte das Gemurmel der Zuschauer auch, ließ sich aber dadurch nicht ablenken. Als Einar eine ihm unbekannte Fußbewegung machte, hätte Olaf sich einen Augenblick lang gern umgesehen, wußte sich aber im letzten Augenblick zu beherrschen. Wieder gab Einar ihm einen Ruck, diesmal versuchte er Olafs rechtes Bein vom Boden zu kriegen. Auch das mißglückte. Olaf sah Einars Augen vor Wut funkeln. Er konzentrierte sich aufs Äußerste – spürte den Bruchteil einer Sekunde zuvor, daß der andere danach trachtete, sein Gleichgewicht zu stören – und kam seinem Fall zuvor.

Langsam drehten sich die Männer im Kreis herum. Einar machte eine kurze Pause zwischen seinen Angriffen. Auch er tastete jetzt die Möglichkeiten ab, die Chancen, die ihm sein Gegner bot. Beide Männer begannen zu schwitzen. Jemand rief: »Geschieht hier eigentlich irgendwann noch einmal was?« Und in diesem Augenblick gab Einar Olafs Bein einen dermaßen kräftigen Ruck, daß das Band die Blutzufuhr abschnürte und Olaf den Boden unter den Füßen verlor. Einen Augenblick lang stand er auf einem Bein. Er wußte, daß er jetzt fallen würde, daß er nicht imstande war, beide Beine auf den Boden zu bekommen. Über die rechte Schulter seines Gegners starrend, sah er in diesem einen Augenblick, der für ihn eine Ewigkeit dauerte, daß auf dem Felsen mit den Frauen eine aufgestanden war. Helga stand kerzengerade und sah ihn unverwandt an – den Bruchteil eines Augenblicks. Dann schleuderte sich Olaf, indem er alle Kraft, die in ihm war, zusammennahm, nach vorn gegen Einars Brust, und das Unglaubliche geschah – der Mann, der seines Sieges so sicher war, daß er alle Wachsamkeit hatte fahren lassen, stürzte hintenüber, sein Gegner auf ihn. Einars Rücken berührte zuerst den Boden, unmittelbar danach Olafs rechte Schulter.

Schreie unverhohlener Bewunderung kamen aus der Menge. Die Männer betraten den Kampfplatz und sprachen alle zugleich über die Technik des Neulings. Olaf kam schwankend hoch. Auch Einar war aufgestanden. Sein dunkelrotes Gesicht verriet die Aufregung. Olaf rieb seinen schmerzenden, abgeschnürten Schenkel. Während Ornolf ihm dröhnend auf die Schulter schlug, um ihm wegen des Sieges Glück zu wünschen, sagte er laut, damit viele es hörten: »Du hattest mich fast geschafft, Einar! Wenn du da etwas besser aufgepaßt hättest, hätte ich dich niemals hingelegt. Du bist zweifelsohne stärker als ich – aber ich war ein bißchen schneller!« Das war eine kameradschaftliche Bemerkung von ihm. Er wollte die Niederlage, die der andere nur schwer verkraften konnte, geringer erscheinen lassen. Der andere antwortete nicht. Er war so wenig auf diesen Ausgang des Wettstreits vorbereitet gewesen, daß er nicht wußte, wie er sich verhalten sollte. Er versuchte verzweifelt, einen leichten Ton anzuschlagen, sich nicht merken zu lassen, wie sehr er sich wegen der Niederlage dem Neuling gegenüber schämte.

»Das Boot gehört dir«, sagte er laut. Dann drehte er sich um und ging weg in sein eigenes Lager.

Nachdem Olaf einen Becher Bier geleert hatte, wollte er sich entfernen, um seinen Kirtel wieder anzuziehen. Er traf Helga auf seinem Weg. Ihre Wangen glühten und ihre Augen strahlten: »Die Götter müssen dir günstig gesinnt sein, Olaf Sigurdsson«, sagte sie ganz offen. Dann fuhr sie sachverständig fort: »Natürlich war er der Stärkere, aber du kämpfst mit viel mehr Überlegung!«

Man sah ihr an, daß sie ihm den Sieg gönnte. »Danke, Helga«, sagte er rauh. »Es war ja nur ein Wettkampf!«
Dasselbe sagte er kurz darauf zu Ornolf, der über den guten Ausgang des Kampfes nicht bedenkenlos begeistert war. »Es war nur ein Wettstreit – nicht mehr. Nächstes Mal habe ich wahrscheinlich weniger Glück. Nun – wir haben wieder ein zweites Boot, wir können also nicht klagen.« Ornolf strich sich den Bart. Die Sorgenfalte auf seiner Stirn verschwand nicht.
»Morgen fahren wir weiter«, sagte er, als ob er das Gespräch auf etwas anderes bringen wollte. »Uni Gardarsson bleibt mit seiner Gruppe hier in der Gegend. Sein Vater hat ihm geraten, sich an dem See niederzulassen, der an der Bergseite drüben in einem geschützten Tal liegt. Wir fahren zur Nordseite. Es ist gut, daß Einar der Fechter nicht in unserer Gegend wohnen wird.«
Denn Ornolf wußte, daß Einar nicht ruhen würde, bis er Olaf kleingekriegt hatte. Und Einar Thorgrimsson war ein gefährlicher Gegner.

6 LANDNAHME

In dieser Nacht bebte die Erde . . .
Olaf hatte gerade außerhalb des Lagers einen geschützten Platz aufgesucht, um dort mit Varou die Nacht zuzubringen. Das Wetter war mild, es wehte aber ein frischer Wind, und die Nacht brachte eine starke Abkühlung, nachdem sich die Sonne hinter den Bergrücken versteckt hatte. Olaf hatte seinen Kopf auf Varous Rücken gebettet. Da war ihm plötzlich so, als sähe er durch seine halbgeschlossenen Lider die Bergrücken schwanken. Erschreckt sperrte er die Augen weit auf und setzte sich hoch. Unter ihm bebte die Erde. Der Horizont kam zur Ruhe. Es dauerte eine kurze Zeit, dann hörte er überall im Lager erschreckte Stimmen. Man lief bei dem fast erloschenen Lagerfeuer zusammen. Auch in den anderen Lagern entstand Bewegung.
»Die Erde bebt . . . die Erde bebt . . .« – »Die Geister des Landes wenden sich gegen uns . . .«
In die Verwirrung der durcheinander rennenden und sprechenden Menschen fiel plötzlich eine tödliche Stille. Wieder bebte die Erde,

jetzt länger als beim ersten Mal. Wieder bewegte sich der Horizont. Dann war es vorbei.

Sie standen herum und wußten nicht, was sie tun sollten. Was bedeutete das? Drohte Gefahr? Sobald das Beben aufhörte, wurde sich jeder peinlich bewußt, daß er Angst gezeigt hatte, Angst, obwohl nichts geschah. Aus Unis Lager erklang seine tiefe, beruhigende Stimme. »Hört zu, Leute! Kommt her! Ich weiß, was das bedeutet.«

Sie strömten zusammen, Männer, Frauen und Kinder. Sie versuchten, so zu tun, als ob sie sich selbst nicht gefürchtet hätten, als ob sie nur durch das Geschrei der anderen aufgescheucht worden wären. Uni sprach der Menge zu. »Mein Vater kennt dieses Land. Er hat diese Erschütterungen oft erlebt. Es hat nichts zu bedeuten. Das ist in diesem Land nun einmal so. Die Berggeister tun ihre Anwesenheit kund, aber sie sind uns nicht schlecht gesinnt. Sie tun uns weiter nichts.«

Die Menschen gingen schweigend auseinander jeder zu seinem eigenen Lagerfeuer zurück. Mütter trösteten ihre Kinder. »Es hat nichts zu bedeuten. Die Berggeister erschüttern die Erde, aber sie tun uns nichts Böses.«

»Und wenn die Berge nun Feuer speien?« fragte ein Kind. »Oder wenn sie mit Eisbrocken werfen?«

»Du hast doch gehört, was Uni sagte? Die Berggeister tun uns nichts.«

Ein Kind läßt sich schnell beruhigen. Wenn es die Eltern sagen, wird es schon stimmen. Die Eltern legten sich wieder hin. Waren auch sie beruhigt, überzeugt von dem, was Uni gesagt hatte? Einige nahmen sich vor, am folgenden Tag ein Opfer zu bringen. Viele konnten nicht mehr einschlafen. Ungewohnt früh war man in allen Lagern sehr beschäftigt. Das Vieh wurde in die Schiffsräume getrieben, alle Zelte und Schlafsäcke wurden gebündelt und verstaut. Denn die Abschiedsstunde schlug. Man trennte sich: Jede Gruppe suchte ein anderes Gebiet auf. Tief im Inneren waren sie froh, daß sie den Platz verlassen konnten, wo in dieser Nacht die Erde gebebt hatte.

Als Ornolf und Olaf den Fjord verließen, segelte ein kleines Boot dicht vor ihnen auf die Insel zu, auf der sie am Vortag menschliche Spuren entdeckt hatten.

»Einar holt sich seine Schafe doch noch«, grinste Olaf, der auf

dem Achterdeck neben Ornolf stand. »Die Schafe von der Insel Papey.«
»Ich bin doch noch nicht ganz beruhigt, ob sich nicht ein fremder Volksstamm in dieser Gegend niedergelassen hat«, sagte Ornolf besorgt.
»Mach dir keine Sorgen – es sind Patres. Ich kenne ihre Lebensgewohnheiten, ihre Angewohnheit, sofort die Beine in die Hand zu nehmen, wenn sich andere in ihrem Gebiet sehen lassen. Sie sind keine Kämpfer, diese Patres. Es sind Männer der Wissenschaft.«
Einar sah vom Steuer des kleinen Segelbootes weder auf noch blickte er sich um. Aber vorn in dem kleinen Boot hatte Olaf die Frau stehen sehen, das Mädchen mit dem schönen, langen Haar. Sie sah in die Richtung des Knörrs, welches jetzt die vorgelagerten Felsen umschiffte und auf Nordkurs ging. Die steife Brise blähte ihre Kleidung auf und ließ ihr die Haare zu Berge stehen. Der Abstand zwischen beiden Booten war ziemlich groß, aber da der Wind auf sie zustand, hörte Olaf ihre fröhliche Stimme über das Wasser schallen:
»Gute Fahrt – gute Fahrt und unversehrte Landung!«
Gegen den Wind eine Antwort zu rufen, war sinnlos. Olaf stellte sich auf den Bootsrand und hielt sich mit einer Hand fest. Mit dem rechten Arm grüßte er winkend. Er wußte nicht, daß er aus der Ferne wie der Schattenriß eines Götterbildes aussah, das durch die aufgehende Sonne einen goldenen Rahmen bekam.

Der Tag wurde sonnig und klar. Die Stimmung an Bord war fröhlich und ausgelassen. Wieder auf hoher See fiel die Beklemmung von den Menschen ab, die durch das Erdbeben aufgekommen war. Ab und zu stimmte jemand von der Besatzung ein Lied an. Sie fuhren ziemlich nah an der Küste entlang in nördlicher Richtung und hatten vom Schiff aus eine prächtige Sicht auf die Umrisse des neuen Landes. Große, dunkle Bergketten zeichneten sich gegen den helleren Himmel ab. Die Ostküste von Island hatte viele, tief ins Land hineinreichende Fjorde. Die großen Eisflächen der Gletscher funkelten in der Sonne, aber der Abstand zu diesen Eisflächen wurde immer größer. Das nördliche Island hatte keine Gletscher. Auf den Felsnadeln vor der Küste wimmelte es von Vögeln. Als das Boot etwas dicht an ihren Felsen vorbeifuhr, wagten die frechen Brandseeschwalben Ausfälle in Richtung auf den vermeintlichen Feind. Pfeilschnell schossen sie auf das Rahsegel hinab, und wenn sie einmal über dem Boot waren, leerten sie rasch den Darm darüber aus. Sie hinterließen manchen weißen Fleck an Deck. Olaf hatte das Pech, einen solchen Klecks ins Haar zu bekommen.

An den Fjordufern war das Land grün. Ab und zu zeichnete sich ein einsamer Seeadler am blauen Himmel ab.

»Ich würde den Boden dort gern einmal untersuchen«, sagte Olaf. Aber Ornolf wollte von einem Aufenthalt nichts wissen. »Wir müssen weiter. Laß uns jetzt lieber versuchen, unseren Bestimmungsort so rasch wie möglich zu erreichen. Du kannst später immer noch auf Erkundung ausgehen.«

Als die Küste nach Westen abbog, kam immer mehr grünes Land in Sicht. Nachdem sie die herausragende Nordostspitze der Insel umsegelt hatten, befanden sie sich im Polarmeer. Weit voraus, unmittelbar im Westen, wurden die Umrisse einer Insel sichtbar.

»Das ist unser Erkennungspunkt«, wußte Ornolf. »Grimsey, genau gegenüber dem Eyjafjördur, wo sich Helgi niedergelassen hat.«

Das Land, das jetzt südlich vor ihnen lag, war grün und sah einladend aus. Aber überall und immer wieder zeichneten sich weiter entfernt und manchmal wieder näher, dunkle, drohende Bergspitzen am Horizont ab. Die Berge in der Ferne waren blau. Sie glichen überhaupt nicht denen, die sie aus ihrem Heimatland kannten. Weder die Hügelkuppen der Inseln von Aletha noch die Berge aus der Umgebung vom Raumdahlsfjord hatten in Form oder Farbe mit ihnen etwas gemeinsam.

Die Insel Grimsey näherte sich rasch. Die klippenreiche Küste an der Ostseite der Insel ragte senkrecht aus der See heraus. Einige kleine Felsinselchen vor den Klippen waren weiß von Baßtölpeln.

»Wir werden dort einmal auf Vogelfang gehen«, sagte Ornolf. »Und in der Brutzeit kann ein guter Kletterer ungeheure Mengen Eier ergattern.«

Olaf antwortete nicht. Er tastete jedes Teilstück der Küste mit seinen Falkenaugen ab. Ein feierliches Gefühl hatte ihn ergriffen – eine Stimmung, die seine Ausgelassenheit verdrängt hatte. Dies wird mein Land, dachte er immer wieder. Was werde ich dort finden? Wird es mir gut gesinnt sein? Im stillen verglich er diese ungewohnte Weite mit dem Gebiet rund um die See von Aletha, wo in der Ferne immer ein Boot zu sehen ist oder ein Mann, der sein Land bearbeitet. Nichts davon auf Island. Kein Mensch, kein Boot, keine Tiere – nur Vögel ungezählte Vögel. Wind und Wasser – Einsamkeit – vollkommene Einsamkeit. Weite, Raum . . . Entfernungen in dieser hellen und klaren Umgebung zu schätzen, ist fast unmöglich. Olaf lernte es schnell. Die breite Öffnung des Eyjafjördur, die schon von weitem zu sehen gewesen war, lag viel weiter weg, als er anfänglich gedacht hatte. Es dauerte lang, sehr lang, bis sie die Mündung endlich erreicht hatten. Es war ein breiter Fjord mit sanft abfallenden, grünen, geschützten Ufern. Mitten in der Fjordmündung lag eine Insel. Der Fjord führte sehr tief ins Land hinein, anfangs genau in südlicher Richtung, aber nach einiger Zeit gab es Buchten im Fjord, die den Wasserlauf vor den Augen der Menschen auf dem Knörr verbargen.

Nach dem, was Olaf von der isländischen Küste gesehen hatte, erschien es ihm ungewöhnlich einladend. Natürlich ragten in der Ferne drohend die Berge gen Himmel, aber das Gebiet zwischen Bergen und Wasser war freundlich. Hier und dort leuchteten einige Birkenbüsche wie weiße Flecken aus dem Grün. Nirgends gab es schwere Eichen oder Buchen, nirgends Nadelholz. Das Wasser des Fjords war sehr tief und ganz klar. Olafs Augen suchten nach Fisch und fanden ihn in großen Mengen. Das Rahsegel war beim Einfahren in den Fjord gestrichen worden, und die Männer lenkten das Boot mit Hilfe der Ruder langsam stromaufwärts.

Dem westlichen Ufer der Insel gegenüber war eine menschliche Behausung. »Dort lebt der Schmied Stigandi«, wußte Ornolf zu berichten. »Er ist seinerzeit mit Helgi ausgefahren, und bei ihm legen wir vorläufig an.«

Das Ziel der Unternehmung war erreicht. Jeder an Bord war erleichtert. Die Menschen aus der kleinen Siedlung hießen die Neuankömmlinge herzlich willkommen. Erfahrungen wurden ausgetauscht. Das Vieh, das zu lange im Schiffsraum zusammengedrängt worden war, rannte ausgelassen durch das hohe Gras.

Wieder wurden Lagerfeuer angelegt, Zelte aufgestellt. Jeder brannte vor Arbeitseifer, vor Lust, sofort mit dem Bau einer ständigen Unterkunft zu beginnen. Erst am folgenden Tag kam Helgi der Magere aus seiner Siedlung, um seine neuen Thingmänner zu empfangen. Er hatte alles Land um den Fjord in Besitz genommen und wies ihnen nun den Grund und Boden an, auf dem sie sich niederlassen konnten.

»Ich habe hier nur eine vorläufige Siedlung angelegt«, sagte er seinem alten Gefährten Ornolf. »Denn ich bleibe hier nicht kleben. Etwas weiter stromaufwärts, am Westufer habe ich eine günstige

Stelle entdeckt, wo ich mich, bevor der Winter einfällt, endgültig festsetzen möchte. Mein Langhaus wird jetzt schon gebaut. Ich habe diese Stelle Kristnes genannt. Mir scheint, du kannst am besten das Land südlich von Kristnes in Besitz nehmen und dein Gefährte das Gebiet am gegenüberliegenden Ufer. Morgen schicke ich einen meiner Männer mit dir los, um das Gelände genau zu bezeichnen.«

Am folgenden Tag hatten sie die größte Mühe, die Tiere, die das saftige Gras nicht verlassen wollten, wieder in den Schiffsraum zu bringen. Dann fuhren sie, wieder nur die Ruder gebrauchend, langsam stromaufwärts an den Ufern des Fjords entlang nach Kristnes. Hoch über dem Wasser lag das im Bau befindliche Langhaus. Es bot eine prächtige Aussicht über den Fjord und um das umliegende Land. Und es schien so, als ob das Gras stromaufwärts noch saftiger wäre.

Auf Anweisung des Mannes, den Helgi ihnen mitgegeben hatte, steckten sie das Land ab, das Ornolf besitzen sollte. Es war ein prächtiges Stück, groß genug für die Anzahl der Tiere, die er mitgenommen hatte, aber auch nicht wieder so groß, daß er das Gelände nicht bearbeiten konnte. Mit Kennerblick sah Ornolf über sein Gebiet hinweg. »Hier kommt das Haus hin«, sagte er. »Und dicht herum das Tún. Dort an den Hügeln das Engjar. Dieses Jahr ist es zu spät, das Tún ordentlich zu bearbeiten. Darum werde ich diesen Sommer nur das mähen, was jetzt wächst, aber im nächsten Frühjahr werde ich pflügen und düngen. Jetzt lasse ich die Schafe einfach auf den Hügeln grasen.«

Olaf nickte. »Am Wasser mußt du ein Stück für einen Gemüsegarten eingrenzen«, sagte er. Ein solcher Gemüsegarten war eigentlich seine persönliche Liebhaberei. Die Normannen besaßen so etwas nicht. Aber Olaf hatte auf Angia gelernt, einen Gemüsegarten anzulegen. Er wußte nur zu gut, wie vorteilhaft es war, eigenes Gemüse zu haben. Die Arbeit im Garten konnten die Frauen erledigen, und er hatte allerlei Saatgut von Angia mitgenommen.

»Am Wasser lege ich ein Stück für Getreide an«, sagte Ornolf. »Du kannst davon gern ein Eckchen für einen Gemüsegarten abkriegen.« Es klang so beiläufig, daß Olaf heraushörte, daß er selbst nicht viel von einem Gemüsefeld hielt.

»Warte ab«, sagte er freundlich. »Ich bringe das mit Astrid in Ordnung.« In dieser Nacht entfachten Ornolfs Männer bei Sonnenuntergang ein großes Feuer im Osten, wo Ornolfs Grund an den von

Helgi grenzte. Als es richtig brannte, steckten sie Fackeln an und gingen am Wasser entlang bis zur äußersten Grenze von Ornolfs neuem Land. Dort entzündeten sie das zweite Feuer. Dann zogen sie in einem langen Zug landeinwärts. Dort wo das abfallende Gelände an die Berge grenzte, entfachten sie ein drittes Feuer; und nachdem sie um das ganze eingenommene Land gezogen waren, schloß ein viertes Feuer den Kreis. Es war eine klare Nacht. Die Sonne war nur kurz nicht zu sehen, aber bald darauf erschien sie wieder, und zwischen Sonnenaufgang und Sonnenuntergang war es kaum dunkler geworden. Hoch auf loderten die Flammen. Aus der Ferne sahen Helgis Männer, die ihr Land schon einige Zeit bewohnten, wie die neuen Kameraden ihr Gebiet in Besitz nahmen. Ornolf brachte ein Opfer bei dem Feuer am Wasser. Die Landgeister sollten nicht nur sehen, daß sie sich jetzt ihren Aufenthaltsort angeeignet hatten, sondern auch merken, daß sie nichts Böses im Sinn hatten, daß sie in Frieden auf dem Land und mit den Landgeistern leben wollten.
Während der Feier schweiften Olafs Augen öfter zum gegenüberliegenden Ufer. Das Land sah dort genauso gut wie auf dem Westufer aus. Gegenüber der Stelle, auf der Ornolf sein erstes Feuer entzündet hatte, stiegen Dämpfe aus dem Boden. Olaf wußte, was das bedeutete. Er würde einen Brunnen mit warmem Wasser auf seinem Grund haben. Ein Brunnen mit warmem Wasser war sehr vorteilhaft. Ornolf hatte keinen, Helgis Gebiet wohl.
»Nach einigen Nächten nehmen wir deinen Grund in Besitz«, sagte Ornolf, »wenn die Arbeit hier erst einmal gut eingeteilt ist. Je schneller du dir dein Land aneignest, desto besser. Im nächsten Sommer kannst du daran denken, dir dein eigenes Langhaus zu bauen.«
Olaf nickte. Er beschloß, ein ordentliches Opfer darzubringen. Die Götter waren ihm bisher gut gesinnt. Er mußte auch versuchen, sich die Gunst der Landgeister zu erhalten. Die restliche Sommerzeit ging im Arbeitsrausch und bei den Vorbereitungen für den Winter rasend schnell vorbei. Während Ornolfs Knechte mit dem Kappen und Herrichten der Birkenstämme beschäftigt waren, womit das Langhaus gebaut werden sollte, hatten Ornolf und Olaf alle Hände voll zu tun, das Gelände abzustecken. Vor allem mußte das Túngelände mit einer Mauer aus Steinen und Lavablöcken umgeben werden, um zu verhindern, daß die Schafe das beste Gras, welches für den Wintervorrat bestimmt war, vorzeitig auffressen

würden. Danach wurde das Land für ein Kornfeld und für einen Gemüsegarten umzäunt. Aber mehr konnte man vor dem Winter nicht tun. Alles Gras, sowohl auf Ornolfs, als auch auf Olafs Grund, wurde gemäht. In diesem ersten Sommer waren ihnen die Wettergötter gut gesinnt. Es gab viele lange trockene Tage, an denen alle Hände für das Ausbreiten und Wenden des Grases gebraucht wurden. Bis tief in die Nacht hinein arbeiteten sie, bis sie dabei umsanken, denn jeder wußte, wie hart der erste Winter sein würde, und niemand konnte ahnen, wie lange er dauern würde. Mit Sorge bemerkte Olaf, daß der Birkenwald hinter Olafs Haus zusehends kleiner wurde. Natürlich hatten sie das Holz dringend nötig – nicht nur zum Bauen, sondern auch als Brennstoff. Aber wer sollte sie nächstes Jahr mit Brennstoff versehen, wenn das Holz verbraucht war?

»Das Land ist gut«, sagte Olaf eines Abends zu Ornolf, als sie sich beide todmüde von der harten Arbeit etwas erholten. »Aber das Holz – ich mache mir Sorgen um das Holz.«

»Du kannst nicht alles haben«, war die Antwort.

Auf den umliegenden Höfen wurde ebenso hart gearbeitet. Niemand hatte Zeit zur Zerstreuung und kaum Zeit für ein Gespräch beim Handel. Jede Minute wurde zum Hereinholen des Heus genutzt, des Heus, das das Vieh während der langen Wintermonate am Leben erhalten mußte. Wenn regnerisches Wetter war, zogen die Männer aus, um in ihren kleinen Booten so viel Fisch wie möglich zu fangen. Die beste Zeit für den Kabeljaufang war eigentlich schon vorbei. Was man jetzt noch mit dem Schleppnetz hereinholen konnte, war nicht viel. Ein Tag auf den Fischbänken wurde nicht tatenlos zugebracht, indem man auf das Einholen des Schleppnetzes wartete. Das Schleppnetz war eine lange Leine, an der in Abständen von etwa zwei Fuß Schnüre hingen, die alle mit einem Haken versehen waren. Wenn das Schleppnetz einmal ausgelegt war und an seinen treibenden Bojen schaukelte, versuchten die Männer, mit Hilfe der Angel so viel wie möglich zu fangen. Sobald sie zurück waren, wurde der Fisch sofort verarbeitet. Der Kopf wurde abgeschnitten, der Fisch ausgenommen und gewaschen und danach am Hjallur ausgebreitet, einem Gestell aus Stökken, die quer auf hohen Pfählen ruhten. Das Hjallur war noch vor dem Langhaus fertig, denn der Fisch mußte getrocknet werden, um den Wintervorrat zu ergänzen, und im Sommer konnten die Menschen eigentlich gut draußen schlafen.

Auch in den kleinen Gebirgsströmen an der Grenze ihres Grund und Bodens fanden die Männer noch Fisch. In den schmalen Bächen fingen sie Salm.
Inzwischen waren die Frauen mit dem Vieh beschäftigt. Der Sommer neigte sich dem Ende zu, als es Zeit wurde, sich um die Schafe zu kümmern, die noch an den Berghängen grasten. Man hatte noch keine Zeit gehabt, in den Bergen eine ordentliche Schafhürde zu bauen. Man trieb die Schafe nun mit Pferden zusammen und schor sie. Weil sie nur wenige Schafe aus dem Vaterland mitgebracht hatten, schlachteten sie so wenig wie möglich. Die Tiere wurden nachts im Stall gelassen und tagsüber, wenn irgend möglich, zum Grasen rausgebracht. Die Nächte wurden immer länger. Alle beeilten sich, um vor dem Einfall der großen Finsternis mit Mensch und Tier sicher unter Dach und Fach zu sein.
Es glückte. Als der erste Schnee fiel und kalte Winde über den Fjord rasten, gab es für jeden eine sichere Bleibe. Alle Arbeit, die drinnen erledigt werden konnte, war aufgeschoben worden. Der Winter würde lang genug sein, dann gab es Zeit für alle diese Dinge.
Bevor der erste Schnee fiel, zog Helgi auf Kristnes ein, und sobald er auf seinem neuen Hof saß, hielt er das Herbstthing. Im Sommer hatte es kleine Zwischenfälle bei den Siedlern am Fjord gegeben. Schafe des einen Bauern hatten auf dem Túnland des andern gegrast, die Aufteilung eines angeschwemmten Wals hatte zu Schwierigkeiten geführt, zwei Fischer hatten Streit wegen des Fangs bekommen. Helgi sprach Recht. Wer freiwillig sein Thingmann geworden war, unterwarf sich seinem Urteil; die Probleme wurden rasch gelöst. Olaf war erstaunt, daß alles so rasch ging; er sprach Ornolf gegenüber seine Verwunderung aus.
»Wer freiwillig Helgi den Mageren als Godi gewählt hat, unterwirft sich seinem Spruch. Niemand wird gezwungen, dem zu folgen. Aber jeder, der ihn kennt, vertraut ihm. Er genießt hohes Ansehen.«
»Aber es könnte doch sein«, widersprach Olaf, »daß eine der Parteien sein Urteil nicht gerecht findet, oder daß eine Meinungsverschiedenheit mit einem Siedler entsteht, der zu einem anderen Godi gehört. Was geschieht dann?«
»Vorläufig wird es wohl noch keinen Streit zwischen unseren Siedlern und denen eines anderen Godord geben. Wir leben noch weit genug voneinander weg«, sagte Ornolf, der es nicht für nötig hielt,

über den nächsten Tag hinauszudenken. »Und wenn du seine Leitung nicht gut findest . . . dann schließt du dich eben einem anderen Godi an. Allerdings rate ich dir das nicht. Man weiß, was man hat, aber man weiß nicht, was man kriegt . . .«
Nach der vielen, harten Arbeit im Sommer kam ihnen der Tag ganz leer vor, als die Sonne nur noch ganz kurz schien. Zuerst wurde das Haus innen ordentlich fertiggestellt. Auch mußte noch alles erledigt werden, um das Vieh unterzubringen. Aber nachdem die Zeiten der Finsternis immer länger wurden und Frost und Schnee draußen jede Arbeit unmöglich machten, verstummte das Leben immer mehr.
Die Frauen spannen und webten, die Männer brachten ihr Angelzeug in Ordnung und versorgten das Vieh, das noch draußen graste, so lange noch etwas Eßbares zu finden war. Die Bewohner des Langhauses schliefen sich aus, was ihnen anfangs recht angenehm war. Man hatte jetzt auch Zeit für lange Gespräche beim Feuer, Gespräche, bei denen Olaf viel über normannische Bräuche erfuhr, die er noch nicht kannte.
Winterstürme rasten um das Haus. Eisige Kälte trieb die Bewohner des Langhauses fortwährend am Feuer zusammen. Ab und zu bebte die Erde. Sie hatten sich jetzt daran gewöhnt und erschraken nicht mehr so darüber.
Oft erstrahlten seltsame fantastische Lichter am finsteren Himmel wie farbenprächtige Gardinen in einem Thronsaal. Die Männer aus dem hohen Norden waren damit vertraut. Für Olaf war das neu. Er betrachtete es erstaunt und ehrfürchtig. Manchmal stand er im eisigen Wind, an der Wand des Langhauses Schutz suchend, und starrte voller Verwunderung nach den violetten und grünlichen Vorhängen am Himmel, die Farbe in die kühle Finsternis brachten. Er fühlte sich ganz klein – ein Stäubchen unter einem Zelt, das so groß und so weit war, daß es ihn bedrückte.
»Was mache ich hier? fragte er sich dann ganz verwundert. »Was bin ich? Ein Stäubchen in der Schöpfung – ein Tropfen in einem Ozean.«
Er stand und erstarrte im Wind, konnte sich aber nicht entschließen hineinzugehen, wo Wärme und Sicherheit war.
Sicherheit? Ein Blitzstrahl und die ganze Siedlung konnte verloren sein. Ein Vulkanausbruch – und alles Leben auf dem Weg, den die glühende Lava nahm, war zu Ende. Es kam ihm so vor, als ob alles in diesem großartigen und rauhen Land mit seiner wilden und

schönen Natur nur ein Ziel hatte: Ihn, Olaf Sigurdsson, erkennen zu lassen, wie klein er war, wie klein der Mensch war.
»Was ist der Sinn meines Lebens?« Dies war eine Frage, die er keinem stellen konnte – die ihn jedoch immer beschäftigte. Mit Ornolf konnte er darüber nicht reden. Er würde keine Antwort wissen, ihn für verrückt halten. Dann konnte es geschehen, daß er in der Erinnerung die Stimme aus seiner Jugend sagen hörte: »Der Sinn des Lebens ist es, das Gute zu tun . . .«
Das war keine Antwort, die alles erklärte, aber sie brachte ihn in die Wirklichkeit zurück. Tu, was du tun mußt, und das tu gut! Versuche nicht, die Fragen von Leben und Tod zu begreifen – sie sind zu schwierig für einen unbedeutenden Menschen! So hatte man es ihn auf Angia gelehrt. Dann suchte er die Wärme beim Feuer wieder auf. Aber in seinem Herzen war ein großes Staunen – Ehrfurcht – eine Freude darüber, daß er lebte, und zugleich ein Gefühl großer Einsamkeit, denn er konnte die Gedanken über diese Dinge, die ihn mehr als alles andere beschäftigten, mit niemandem austauschen.

7 DER FINDLING

Obwohl Olaf, seit er sich der Gruppe der Siedler von Helgi dem Mageren angeschlossen hatte, in dem langen Winter viele Male die Auffassungen und Bräuche der Wikinger kennenlernte, die ihm fremd waren, weil er bisher nur am Rande ihrer Welt gelebt hatte, hatte dies doch nie zu einer ernstlichen Auseinandersetzung geführt. Erst zu Beginn des Frühjahrs geschah etwas, das ernstliche Folgen hätte haben können.
Olaf hatte sich angewöhnt, die stets länger andauernde Helligkeit zu nutzen, um seine Umgebung besser kennenzulernen. Gleich nach der Ankunft auf Island war dazu kaum Gelegenheit gewesen, weil jedermann beim Bau für die ersten Unterkünfte der Siedler gebraucht wurde. Sie hatten Tag und Nacht gearbeitet, um beim Einfall der frühen Finsternis unter Dach zu sein. In den langen Wintermonaten, in denen es nur kurze Zeit mitten am Tag so eben hell wurde, hatte es wenig Sinn gehabt, deswegen hinauszuziehen, aber sobald die Tage länger wurden und die Feldarbeit wegen des Frostes noch nicht möglich war, hatte Olaf jeden Augenblick ge-

nutzt, um von Varou begleitet zu Pferd hinauszuziehen. Manchmal hatte er die Entfernungen falsch berechnet und war gezwungen gewesen, im Finstern seinen Heimweg zu suchen, wobei ihm der Hund gut zustatten kam. Die Kreise waren immer größer geworden, die er um Ornolfs Hof beschrieb, bis er meinte, es wagen zu können, Bards Siedlung einen Besuch abzustatten, der sich mit seinen Leuten an dem ersten Fluß angesiedelt hatte, der in den nächstfolgenden Fjord, östlich des Eyjafjördur mündete. Er wollte sehen, wie man dort durch den Winter gekommen war. Olaf hatte die Nacht auf einem Bauernhof in Bardardalur verbracht und kehrte am folgenden Tag auf demselben Weg nach Hause zurück. Er war niedergeschlagen. Er hatte die Siedler nach dem ersten schweren Winter in keiner rosigen Lage angetroffen. In Bardardalur herrschte Hunger. Die aus dem alten Vaterland mitgebrachten Vorräte waren schon kurz nach der Sonnenwende erschöpft. Der Heuvorrat war zu gering, viel Vieh mußte geschlachtet werden. Die abgemagerten Tiere lieferten kaum genug Fleisch, um die Menschen am Leben zu erhalten, bis der Fjord wieder frei von Packeis sein würde. Auf Thorarins Hof waren die Menschen dankbar über seinen mitgebrachten Mundvorrat hergefallen, nachdem sie tagelang von etwas Dörrfleisch und gekochter Birkenrinde gelebt hatten. Beim rauchenden, erbärmlichen Feuer von Vogelbälgen, das kaum Licht und wenig Wärme spendete, hatten sie in dieser Nacht ihre Erfahrungen ausgetauscht, und sobald es hell genug war, um sich zurechtzufinden, war Olaf wieder fortgezogen.
Es war kalt. Eine dünne Schicht Pulverschnee ließ die hügelige Landschaft eisig aussehen. Der schneidende Wind brachte ihm zu Bewußtsein, daß es noch lange nicht Sommer war, aber mitten am Tag wurde die Temperatur merklich angenehmer. Das Pferd mit seinem rauhen Winterfell schien Spaß an dem Ausflug zu haben. Es trabte munter darauf los. Auch Varou war ausgelassen und genoß die Möglichkeit, einmal ordentlich zu rennen. Olaf konnte sich gut zurechtfinden. Er hatte nicht die geringste Mühe, die richtige Richtung einzuhalten. Nach einiger Zeit erreichte er einen See, wo ein gewaltiger Wasserfall in die Tiefe stürzte. Olaf machte hier kurz Rast. Er ging auf und ab, um die vom langen Reiten steifgewordenen Muskeln zu entspannen und kletterte über die Felsen bis an den Rand des Wasserfalls. Dort blieb er stehen, um zu sehen, wie sich die Wassermassen mit donnernder Gewalt in die Tiefe stürzten. Es war ein überwältigendes Geräusch. Der Wind blies ihm

feine Wassertröpfchen ins Gesicht. Die Wintersonne ließ das Wasser funkeln. Die Pracht dieser Naturgewalt vertrieb Olafs düstere Gedanken.
Nach kurzer Zeit stieg er wieder auf, um seinen Weg fortzusetzen. Vor der Sonne trieben stets große Wolken. Dann wurde es plötzlich viel kälter.
Nun hörte er durch das Pfeifen des Windes ein Geräusch, das nicht in diese rauhe Landschaft paßte. Er hielt sein Pferd an, um zu lauschen, ob es sich wiederholen würde. In der Ferne konnte man deutlich das Donnern des Wasserfalls hören. Hoch am Himmel kreiste ein Adler. Unter den Pferdehufen knirrschte der Schnee. Sonst nichts. Gerade als er durch einen leichten Druck mit dem Absatz sein Pferd zum Weitergehen anspornte, hörten seine scharfen Ohren wieder das Geräusch, einen seltsam hohen Ton, wie Kinderweinen. Auch Varou spitzte jetzt die Ohren und schaute seinen Herrn gespannt an.
»Such Varou!« sagte Olaf. Der Hund stob in die Büsche, die dunkel aus der dünnen Schneeschicht herausragten. Olaf wartete regungslos, bis das kurze Anschlagen des Hundes ihm meldete, daß er etwas gefunden hatte. Nun lenkte er sein Pferd auf dieses Geräusch zu. An einer Stelle, wo eine Art Pfad am Wasser entlang vermuten ließ, daß dort regelmäßig Leute vorbeikamen, stand Varou über etwas gebeugt, das zwischen den Felsen verborgen lag. Olaf stieg ab, um nachzusehen, was der Hund gefunden hatte.
Seitlich vom Pfad zwischen ein paar Felsbrocken, die etwas Schutz gegen den scharfen Wind boten, lag dick in wollene Tücher eingepackt, ein Kind. Varou beschnüffelte das formlose Paket und fing an, das kalte Gesichtchen mit seiner großen Zunge zu lecken. Als das Kind die warme Hundezunge spürte, begann es wieder zu weinen, lange dünne Klagen in die stille, kalte Luft.
Olaf bückte sich und nahm das Kind auf. Soweit er es beurteilen konnte, war es nur wenige Tage alt. In dem weitgeöffneten Mündchen lag ein Stückchen Speck.
Einige Augenblicke lang stand Olaf mit dem Kind im Arm und dachte nach, was er tun sollte. Jemand hatte es hier dicht beim Wasserfall zum Auffinden hingelegt, jemand der es los sein wollte, ganz gleich aus welchem Grund auch immer. Er dachte an die vor Entbehrung eingefallenen, bleichen Gesichter der Menschen, die er in Bardardalur angetroffen hatte. Er dachte an das Vieh, das vor Hunger gestorben war. Da wußte er, daß er das Kind selbst mit-

nehmen mußte, wenn es noch eine Chance in diesem Leben haben sollte. Er dachte keinen Augenblick daran, es dort als Beute für Füchse, Adler oder für den Frost liegen zu lassen.
Olaf stieg wieder auf. Er legte das Kind vor sich auf den Sattel und stützte das Köpfchen mit seinem linken Arm ab. Dann spornte er das Pferd an. Er hatte noch einen langen Weg vor sich und konnte es sich jetzt keineswegs leisten, die Nacht draußen zubringen zu müssen.
Es war schon dunkel, als er die vertraute Form des Súlurberges wiedererkannte. Da er Eyjafördur fast erreicht hatte, konnte ihm nichts mehr geschehen. Das Eis im Fjord war noch so dick, daß er das andere Ufer zu Pferd gefahrlos erreichen konnte. Die nähere Umgebung kannte er schon gut genug, um seinen Weg in der Nacht finden zu können. Als er das Hufgetrappel auf seinem Hof hörte, kam ihm Ornolf entgegen. Steif vom langen Ritt ließ sich Olaf vom Pferd gleiten, das Ornolf sofort zum Stall brachte. Olaf ging mit Varou ins Haus. Astrid stand am Feuer und bereitete das Mahl zu. Als sie ihn hereinkommen hörte, drehte sie sich nach ihm um und grüßte ihn erfreut. Im Feuerschein sah sie, was er im Arm hielt. Sie erbleichte vor Schreck.
»Was hast du da?« fragte sie bestürzt.
Olaf legte das Kind auf die Steine beim Feuer nieder. Vorsichtig löste er den wollenen Lappen, in den es gewickelt war. Das Kind fing wieder jämmerlich zu weinen an.
Astrid nahm das Restchen Speckschwarte aus dem Mündchen. Schweigend rieb sie die kalten Händchen warm und begann, die wollenen Lappen rund um den kleinen Körper loszuwickeln. Dann holte sie ein Schälchen Wasser und ließ etwas von der Flüssigkeit in das Mündchen laufen, das sofort zu schreien aufhörte und krampfhaft schluckte. Der kleine Gizur hatte sich neben sie gestellt und verfolgte die Bewegungen seiner Mutter mit großen Augen. Es entging Olaf nicht, daß Astrid eine Sorgenfalte zwischen den Brauen hatte, die er sich nicht sogleich erklären konnte.
Gizur begann zu fragen: »Woher kommt das Kindchen, Mutter?« Sein vierjähriger Verstand begriff nicht, was sich da abspielte.
Astrid hatte die Lappen jetzt entfernt und fing an, das nackte Körperchen des kleinen Jungen bei der Feuersglut zu reiben. Dann holte sie saubere wollene Tücher und wickelte ihn hinein.
Ornolf betrat den Raum. Er kam ans Feuer und sah . . .»Wie kommst du daran?« Seine Stimme klang so angriffslustig, als ob

Olaf etwas getan hätte, was ihm große Schwierigkeiten bereiten könnte.
»Ich habe es gefunden«, sagte Olaf unsicher. »Als ich aus Bardardalur zurückkam, fand ich das Kind bei dem großen Wasserfall. Wenn ich es nicht mitgenommen hätte, wäre es morgen früh tot.«
»Das ist ein schlechtes Zeichen«, sagte Ornolf. Er setzte sich und wich Olafs Blick aus. »Du mußt es zurückbringen. Hier kann es nicht bleiben.«
»Zurückbringen?« Seine Stimme überschlug sich vor Erstaunen. »Zurückbringen? Du weißt nicht, was du sagst. Es herrscht das heulende Elend. Vor Hunger wissen die Menschen kaum, wie sie am Leben bleiben sollen. Wie kann ich das Kind dorthin zurückbringen. Ich weiß übrigens nicht einmal, von welchem Hof es stammt.«
»Dorthin zurückbringen, wo du es gefunden hast –«
Olaf sah seinen Kameraden verständnislos an. Hatte er, ohne es zu wissen, etwas Falsches getan? War das Kind da am Wasserfall hingelegt worden, um es den Wassergeistern zu opfern? Er schlug sich den Gedanken sofort wieder aus dem Kopf. Das Kind war besonders sorgfältig in warme Decken gehüllt und an einen windgeschützten Platz gelegt worden. Das sollte bezwecken, daß sich jemand über das kleine Geschöpf erbarmte, jemand, der ihm noch etwas Nahrung verschaffen konnte. Alles deutete darauf hin, daß eine verzweifelte Mutter, die selbst keine Möglichkeit gesehen hatte, das Kind zu erhalten, ihm noch eine Chance geben wollte, noch eine Chance – wenn auch nur eine geringe.
»Es ist ein gesundes Kind«, sagte Astrid. Es klang als ob sie das Kind verteidigen wollte, als ob sie unbedingt etwas Gutes von ihm sagen wollte. »Es ist ein schönes Kind.«
Ornolf machte eine ärgerliche Gebärde. »Kurz und gut«, sagte er barsch, »wir können es nicht füttern. Wir haben selbst kaum genug. Wer weiß, wie lange es noch dauert, bis wir wieder ordentlich zu essen haben. Es kann noch monatelang dauern, bis der Fjord eisfrei ist. Und du weißt doch, daß Astrid ein Kind erwartet. Im Sommer kommt noch ein Mund dazu, der gestopft werden muß. Wir können hier nicht noch die Kinder anderer Leute am Leben erhalten.«
Olaf wurde vor lauter Entrüstung ganz warm. »Das Kind ist von Kopf bis Fuß gesund«, sagte er. Wenn es keine Überlebenschance hätte – aber es sieht kräftig aus. Du kannst ein Menschenkind nicht draufgehen lassen, Ornolf, es ist keine Ratte!«

»Dafür müssen wir uns nicht verantworten«, sagte Ornolf matt. Er rutschte unruhig auf der Bank hin und her. Olaf spürte sofort, daß die Lage für den andern unangenehm war, daß er versuchte, stur zu bleiben, aber schon an Boden verlor.
»Das wäre Mord«, sagte Olaf zornig. »Ein hilfloses Kind dort liegen zu lassen, wäre Mord. Das kannst du doch nicht wollen, Ornolf.«
Der andere versuchte noch einmal, seinen Standpunkt zu verteidigen. »Das kommt öfter vor«, sagte er. »In Norwegen kam es vor, daß ein Kind, für das es keine Nahrung gab, keine Zukunftschance, als Findling ausgesetzt wurde. Das hat mit Unmenschlichkeit nichts zu tun, das heißt, einen Blick für die Wirklichkeit haben. Wenn es nichts zu essen gibt, stirbt das Kind doch. Dann kann es besser sofort sterben.«
Astrid hielt sich aus dem Streit heraus. Der kleine Gizur klammerte sich ängstlich an ihren Röcken fest. Das Kind verstand nicht, worum es ging, spürte aber, daß der Vater böse war, böse, des kleinen Kindchens wegen, das dort beim Feuer lag und das er so gern hatte festhalten wollen.
Olaf merkte wieder einmal, wie schon so oft, daß er noch nicht alles wußte, was in einer Wikingergemeinschaft im Normannenland Brauch war. Er versuchte sich in Ornolfs Gedankenwelt zu versetzen. In Norwegen setzten sie also ein Kind aus, für das sie kein Essen hatten und das keine Überlebenschance hatte. Er fand das unmöglich. Jemand, eine gesunde Mutter, hatte wohl, wenn auch von ihrem Mann erzwungen, ihr Kind als Findling ausgesetzt, weil sie keine Möglichkeit sah, es aufzuziehen – wie ein Vogel, der ein unglückliches Junges aus dem Nest stößt. Aber dies war ein gesundes Kind, die Mutter hatte es sorgfältig eingepackt und so hingelegt, daß es gegen den rauhen Wind geschützt war. Sie hatte dem Kind sogar noch ein Stückchen Speck ins Mündchen gesteckt. Und dann war sie fortgegangen und hatte womöglich alle Götter um Hilfe angerufen, um eine Chance für das Kind, daß es jemand finden würde, der wohl dafür sorgen konnte. Der Mutter dieses Kindes mußte es sehr schlecht gehen, sie mußte wohl selbst halbtot vor Hunger sein.
In Olaf wuchs der Widerspruch gegen Ornolfs Reden. Seit sie auf Island gelandet waren, hatte er, Olaf, eigentlich immer alles getan, was Ornolf wünschte. Er war manchmal nicht einer Meinung mit seinem älteren Gefährten gewesen, aber meistens ging es um Klei-

nigkeiten, um Dinge, deretwegen er keinen Streit wagen wollte. Durch seine Nachgiebigkeit hatte Ornolf immer mehr die beherrschende Rolle gespielt, hatte er es als immer selbstverständlicher angesehen, daß geschehen mußte, was Ornolf sagte. Aber nun ging es nicht mehr um eine unbedeutende Kleinigkeit, nun ging es um ein Menschenleben. Olaf fand, daß es Zeit wurde, Ornolf spüren zu lassen, daß er eine eigene Meinung hatte und diese verteidigen konnte.

»Kurz und gut«, sagte Olaf unmißverständlich, »ich wünsche, daß das Kind hierbleibt. Wenn ich selbst eine Frau hätte, würde ich nicht von Astrid verlangen, daß sie die Versorgung übernimmt, dann würde ich es in meinem eigenen Haus aufziehen. Aber ein Kind muß von einer Frau versorgt werden, darum erwarte ich, daß Astrid dafür sorgt, bis ich selbst ein Haus gebaut und eine Frau gefunden habe. Solange muß das Kind hierbleiben.«

Als ob die Sache damit erledigt wäre, hing Olaf seinen feuchtgewordenen Mantel zum Trocknen ans Feuer und holte sich einen Teller, um aus dem großen Topf, in dem Astrid gerührt hatte, als er hereinkam, sein Abendessen zu schöpfen.

Es dauerte etwas, bis Ornolf reagierte. Zunächst war er erstaunt. Olaf hatte sich so angehört, als ob er wüßte was er wollte, als ob er bereit wäre, seinen Willen durchzusetzen. Das machte ihn wütend. Was dachte sich der Junge bloß? Er war gerade eben erwachsen. Wollte er ihm hier in seinem eigenen Haus Vorschriften machen? Drohend stand er auf. Mit zwei Schritten stand er am Tisch, auf den Olaf seinen Suppenteller gestellt hatte, in dem er jetzt angestrengt rührte. Donnernd sauste Olafs Faust auf den Tisch, so daß die Suppe aus dem Teller schwappte und über den Tisch floß. »In meinem Haus geschieht, was ich will, verstanden?«

Astrid sah dem im rückwärtigen Teil des Raumes gespannt zu. Sie kannte ihres Mannes plötzliche Wutanfälle, sie wußte, wie leicht eine gefährliche Lage daraus entstehen konnte. Die Männer waren durch das aufgezwungene Nichtstun im Winter gereizt. Der geringste Anlaß konnte in einen Kampf ausarten, und sobald der erste Schlag traf, war jemandes Ehre gekränkt – gab es eine Fehde.

Auch Olaf erkannte die Gefahr. Aber er wußte, daß es jetzt darum ging, ob Ornolf ihn in Zukunft achten würde oder nicht. Wenn er jetzt klein beigeben würde, würde ihn Ornolf immer geringschätzig behandeln. Olaf war kein Hitzkopf. Er wußte ganz genau, was er wagte, aber er wußte genau so gut, was er wollte. Schweigend erhob er sich, in seiner ganzen Länge. Die Männer waren fast gleich groß und konnten einander genau in die Augen sehen. Olafs Augen hielten die des anderen fest. Tief klang seine Stimme, als er ruhig aber eindringlich sagte: »Ich möchte, daß du dich wie ein Ehrenmann an unsere Absprache erinnerst. Ich möchte jetzt nichts anderes als mein Recht. Ich weiß, daß du mir das Recht verschaffen wirst.«

Ornolf war aus dem Tritt gebracht. Man merkte es an der hitzigen Art, in der er herausplatzte. »Recht? Was ich mit dir abgesprochen habe, hat mit diesem Findling nichts zu tun. Du bleibst bei meiner Familie, bis ich mich hier richtig angesiedelt habe und mein Land bestellt ist. Danach baust du dir selbst ein Haus, und wir verteilen das Vieh. Das heißt nicht, daß du mir noch einen Mitesser auf den Hals lädst.«

Olaf blieb stehen. Im Gegensatz zu dem anderen sprach er jetzt leise, leise, aber langsam und deutlich.

»Auf Angia hat mein Großvater die Hälfte des Knörrs für mich gekauft, ebenso die Hälfte der Ladung, bestehend aus Vieh und Ausrüstungsgegenständen. Danach hat er uns aus seinen Vorratsscheunen einen großen Lebensmittelvorrat mitgegeben, um den ersten Winter durchstehen zu können. Auch die Lebensmittel gehörten zur Hälfte dir und zur Hälfte mir.«

Der andere schien immer noch nicht zu begreifen, worauf er hinauswollte.

»Ja, und? Die Lebensmittel sind jetzt fast verbraucht. Was soll das?«

»Richtig«, sagte Olaf. »Und wer hat die Lebensmittel aufgegessen? Wir vier, du, Astrid, Gizur und ich. Das heißt, daß deine Familie dreiviertel von dem Vorrat gebraucht hat und ich ein Viertel. Mir gehörte aber die Hälfte . . .«

Es wurde ganz still. Im Feuer knackte ein Zweig. Ornolf antwortete nicht. Er war so überrascht, daß er keine Möglichkeit sah, etwas Überzeugendes zu entgegen.

»Ich verlange nichts, worauf ich kein Recht habe«, sagte Olaf. »Ich habe es ganz natürlich gefunden, daß wir unsere Vorräte unter uns vieren aufteilten. Das habe ich niemals erwähnt. Wir müssen versuchen, diese schwierige Zeit zusammen durchzustehen, und damit geht es uns allen gleich. Aber jetzt möchte ich etwas. Ich will, daß dieses Kind hier am Leben erhalten wird. Solch ein Wurm braucht so wenig, daß wir das wohl noch aufbringen können. Obendrein . . . ich habe einfach ein Anrecht auf einen größeren Anteil an den Lebensmitteln als ein Viertel.«

Als ob er die Sache für abgetan hielt, setzte sich Olaf ruhig hin und fing an, seine Suppe zu löffeln. Ornolf hatte sich noch nicht wieder gefaßt. Um zu verhindern, daß er sein Gesicht verlor, sagte Olaf achtlos nebenbei: »Wir sollten uns darum nicht streiten. Es ist der Mühe nicht wert. Wenn du kurz darüber nachdenkst, wirst du einsehen, daß ich das von dir verlangen kann.«

Brummend ging Ornolf zur Tür hinaus. Astrid holte tief Luft. Der gefährliche Augenblick war vorbei. Sie spürte, daß sie nun keinen Kampf zwischen den beiden Männern befürchten mußte. Erleichtert kam sie jetzt auch an den Tisch und fragte Olaf über die Verhältnisse in Bardardalur aus, und als Ornolf endlich aus dem Stall zurückkam, war die feindliche Stimmung vorüber. Sie sprachen lange Zeit über den Zustand in der Nachbarsiedlung. Durch Sven Haraldssons große Vorräte waren sie merklich besser weggekommen, als die meisten anderen Siedler. Aber auch sie sahen jetzt ihre Vorräte wie Schnee in der Sonne schwinden, und niemand konnte sagen, wie lange es dauern würde, bis die Fjorde eisfrei waren, bis die Jagd auf Seehunde oder Wale wieder beginnen konnte. Bevor sie schlafen gingen, legte Astrid den Findling in einem warmen Seehundfell und wollenen Tüchern in den Backtrog. Varou suchte wie immer seinen Schlafplatz zwischen Gizur und Olaf auf und erwärmte mit seinem großen Hundekörper den Jungen, der für den Backtrog zu groß geworden war.

Vom langen Ritt ermüdet, fiel Olaf fast unmittelbar in Schlaf. Im Traum sah er seine Großmutter Imma beim Abschied vor sich. Wieder hörte er ihre Stimme: »Wer diese Spange trägt, ist dazu verpflichtet, das Gute zu tun!« Weil sich der Hund neben ihm umdrehte, wurde er kurz wach. Er lächelte im Finstern. Imma würde finden, daß er »das Gute« getan hatte. Und Ornolf wußte nun, daß Olaf Sigurdsson kein Kind mehr war, sondern ein Mann, der wußte, was er wollte.

8 DER SCHATTEN IN DER FINSTERNIS

»Es scheint mir angebracht zu sein«, sagte Olaf am folgenden Morgen, »heute zu Stigandi, dem Schmied zu reiten, um unsere Waffen und unsere Gerätschaften zu ergänzen, bevor die Feldarbeit wieder beginnt. Kommst du mit?«

Eigentlich ritt er lieber allein aus, aber nach dem Streit vom letzten Abend hielt er es für gut, Ornolf zu zeigen, daß er ihm nicht mehr grollte.

Der andere ging rasch auf den Vorschlag ein. Bei dem spärlichen Licht der Kóla sahen sie alle metallenen Geräte nach und bestimmten, was neu angeschafft werden mußte. Nach langem Hin und Her luden sie ihre Tauschwaren auf die Pferde und verließen noch im Dunkeln den vertrauten Hof. Es ging ein kalter Wind, der ihnen ab und zu Pulverschnee ins Gesicht blies. Schweigend ritten die Männer gen Norden am Fjord entlang. Bis zu Stigandis Hof war es nicht mehr weit. Er lag genau gegenüber der kleinen Insel in der Fjordmündung. Varou rannte den Pferden voraus. Der Himmel war leicht bewölkt, ab und zu sah man helle Sterne und einen kleinen Teil des Mondes. Die weißen Stämme der Zwergbirken zeichneten sich hier und da gegen den etwas heller werdenden Himmel ab.

»Ich frage mich«, sagte Olaf, »ob man hier auf Island irgendwo Holz finden kann, das für den Schiffsbau geeignet ist. Bei allen Ausflügen, die ich bisher gemacht habe, ist mir aufgefallen, daß hier nur Birken wachsen.«

Ornolf zuckte die Achseln. Solange er noch ein ausgezeichnetes Knörr besaß, befaßte er sich nicht mit der Frage, woher das Holz für den Bau eines neuen Schiffes kommen sollte.

»Vielleicht wächst irgendwo anders auf Island schwereres Holz«, sagte er ziemlich teilnahmslos. »Wir brauchen es vorläufig nicht.«

Olaf beschäftigte sich in Gedanken mit dem Holzbestand seines neuen Wohnortes. Auf den Inseln in der See von Aletha waren genug Wälder gewesen, außer auf Adreni, der nördlichsten Insel der Gruppe. Dort gab es Holz für den Haus- und den Schiffsbau, Holz von der besten Sorte. Die kleinen isländischen Zwergbirken sagten Olaf nicht besonders zu. Er wußte nur zu gut, wie wichtig Holz für das menschliche Zusammenleben war. Die Leute von Adreni hatten ihr Holz immer auf den anderen Inseln kaufen müssen. Aber die Entfernungen zwischen den Inseln in der See von Aletha waren gering. Wer kein Holz hatte, konnte es ganz in der Nähe kaufen und sich damit eindecken. Auf Island würde das nicht einfach sein. Wenn es auf der ganzen Insel keine anderen Wälder gab, als er bisher gesehen hatte, dann würden die Siedler das Holz für die Schiffe aus anderen Ländern holen müssen; das würde ein kostspieliges und gefahrvolles Unternehmen werden. Olaf dachte weiter als Ornolf. Doch behielt er seine Gedanken für sich. Es hatte tatsächlich wenig Sinn, sich über Dinge Sorgen zu machen, die vielleicht erst nach vielen Wintern eine Rolle spielen würden, während sie noch jede Menge Schwierigkeiten hatten, den ersten Winter durchzustehen.

Es fing schon langsam an, etwas heller zu werden, als sie die Siedlung erreichten, wo Stigandi wohnte. Von weitem hörten sie die Hunde anschlagen. Die Leute traten aus den Wohnungen, um sie zu begrüßen. Die Bewohner der Häuser an der Fjordmündung hatten in den Sommermonaten ziemlich regelmäßig Kontakt mit anderen Siedlern, weil sie über das Meer leichter zu erreichen waren. Obendrein war Stigandis Haus ein Treffpunkt, weil jeder seine Waffen und Geräte beim Schmied herstellen oder überholen ließ. Aber seit der Fjord vereist war, hatten sie auch dort keine anderen Kaufleute und Siedler gesehen und waren froh über jeden Besucher, der etwas zu tauschen hatte, am liebsten Lebensmittel.

Die Begrüßung war herzlich. Stigandi ließ seine Arbeit in der Schmiede liegen, um mit seinen Gästen ein karges Mahl am Feuer zu teilen. Auch hier herrschte Hunger, aber Stigandi hatte sich im Herbst in weiser Voraussicht für seine Dienste mit Nahrungsmitteln bezahlen lassen, wodurch er über einen größeren Lebensmittelvorrat als seine Nachbarn verfügte.

Erfahrungen und Neuigkeiten wurden ausgetauscht. Olaf berichtete von dem Zustand in Bardardalur, und Stigandi hatte Nachrichten von der Westküste.

»Knut war der letzte Besucher, bevor das Eis kam, einer der Männer von Ingolf Arnarson«, sagte der Schmied. »Er hatte viel zu erzählen.«

Er stellte seinen leeren Becher auf den Tisch, verschränkte die schweren Arme und genoß sichtlich die Überraschung, die den andern im Gesicht geschrieben stand.

»Ingolf?« fragte Ornolf. »Ingolf hat sich doch vor einigen Wintern irgendwo im Süden niedergelassen. Lebt er denn jetzt an der Westküste?«

Stigandi schob einen Holzbock ins Feuer. Er wartete, bis er langsam entflammte, dann nahm er sein Gespräch wieder auf.
»Ich hörte von Knut, daß Ingolf, als er sich der Küste näherte, die den Göttern geweihten Sesselpfeiler aus seinem alten Heim über Bord geworfen und geschworen hat, sich dort niederzulassen, wo sie angespült würden. Er vertraute darauf, daß ihm die Götter auf diese Weise einen Platz zuweisen würden, der den Schutzgeistern des neuen Landes wohlgefällig war. Ingolf konnte aber seine Pfeiler nicht mehr wiederfinden.«
»Ich glaube nicht, daß er die ganze Zeit auf See geblieben ist«, unterbrach Ornolf ihn ungeduldig.
«Nein«, sagte der Schmied. »Er landete an einer Stelle, die er Ingolfshöfdi nannte, aber er schwor, daß er solange suchen würde, bis er seine Pfeiler wiedergefunden hätte.«
Ornolf nickte. »Ich habe Ingolf Arnarson in Norwegen gut gekannt. Wenn er sich etwas vornimmt, tut er das auch.«
Stigandi machte eine bestätigende Gebärde. »Ingolf hat sie auch wiedergefunden, aber es hat seine Sklaven mehr als drei Winter danach suchen lassen müssen, dabei stets weiter die Südküste entlangziehend.«
Die Männer rund ums Feuer versuchten sich vorzustellen, was das bedeutete: Drei Winter an der unwirtlichen Südküste, die ganze Zeit am schwarzgrauen Strand nach den Sesselpfeilern zu suchen, der nach Gardars Urteil, der rund um ganz Island gefahren war, der Küstenteil war, dem man sich am schwierigsten nähern konnte.
»Und? Wo wurden sie endlich gefunden?«
»Im Westen, in dem Gebiet, wo Floki überwintert hat. Knut sagt, dort wäre eine schöne Bucht, wo Schiffe gut landen können. Ingolf brachte den Göttern ein Dankopfer, die ihn so gut geleitet hatten, denn nirgendwo hatte er einen Platz gefunden, der ihm besser gefiel als die Bucht an der Westküste. Er nannte die Stelle Reykjavik, weil er überall aus dem Boden Rauch aufsteigen sah. Dort hat er im vergangenen Sommer seine erste bleibende Unterkunft gebaut.«
Die Männer hatten ihr kärgliches Mahl beendet, ein zweites Mahl würde ihnen nicht ausgeteilt werden. Sie schoben ihre Eßgeräte von sich und streckten die Beine zum Feuer hin. Das Birkenholz war naß und gab nur wenig Wärme. Olaf fror. Wieder dachte er an den kümmerlichen Holzbestand. Er knüpfte ein Gespräch mit Stigandis ältestem Sohn an, horchte ihn über die Bewaldung in der Umgebung aus. Seine Teilnahme galt nicht dem Gespräch der an-

deren Männer, die immer noch über die Abenteuer von Ingolf Arnarson sprachen. Ab und zu schnappte er ein paar Worte auf, hatte jedoch schon lange den Faden der Geschichte verloren. Olaf hatte weder Ingolf noch Leif gekannt. Für ihn waren beide Männer nur ein Begriff, weil Ornolf mit Achtung von ihnen gesprochen hatte. Er wußte, daß sie zusammen fortgesegelt waren, als erste Wikinger, die zielstrebig nach Island fuhren, um sich dort für immer anzusiedeln. Es schien dabei Schwierigkeiten zu geben – er würde Ornolf wohl später einmal danach fragen . . .
Als alle Neuigkeiten ausgetauscht waren, befaßten sich die Männer mit dem Grund ihres Kommens, den neuen Gerätschaften. Inzwischen war eine blasse Sonne über dem Horizont erschienen und hüllte die Landschaft um den Eyjafjördur in ein kaltes Licht. Die Männer gingen auf dem hartgefrorenen Boden hinter Stigandi her zur Schmiede, die in einigem Abstand vom Wohnhaus lag. Olafs Augen suchten die Insel in der Fjordmündung, die im Sommer so einladend ausgesehen hatte. Kahl, weiß und eisig ragte sie aus dem sie umgebenden Eisfeld heraus, unbelebt und unwirtlich.
Der jüngste Sohn des Schmieds, der neben ihm herging, folgte seinem Blick. »Das ist Hrisey«, sagte das Kind, »man kann jetzt über das Eis dorthin – wenn man es wagt.«
»Wagt?« Olaf war erstaunt. Seine Augen maßen den Jungen von Kopf bis Fuß. Seiner Schätzung nach mußte der Junge etwa zwölf Jahre alt sein – eigentlich kein Alter mehr, in dem der Sohn eines Wikingers seine Angst zeigte. Der Junge begriff und errötete. »Wer kann etwas gegen einen Geist ausrichten?«
Ornolf war in ein Gespräch mit Stigandi vertieft. Er hörte nicht, was der Junge mit Olaf besprach. Olaf blieb stehen. »Was willst du damit sagen?« fragte er. »Bist du denn doch einmal hingegangen?«
Der Junge zögerte kurz. Er wartete, bis sein Vater mit dem andern Gast in der Schmiede verschwunden war. Dann sah er sich rasch um, als ob er bang wäre, daß ihm jemand zuhören könnte. »Ich bin gestern hingegangen«, sagte er mit rauher Stimme. »Es war schon ziemlich dunkel. Ich suchte etwas zum Jagen und dachte, ich sähe auf der Insel etwas, das sich bewegte. Mein Vater hatte mir verboten, über den Fjord zu gehen, denn im Eis sind gefährliche Risse. Wenn man in die hineinfällt, ist man verloren. Aber ich wollte so gern etwas schießen . . .«
»War dort denn etwas?«
»Das Licht war so schlecht . . . ich konnte nicht weit genug sehen

und hatte Mühe, nicht in eine Spalte zu fallen. Ich rutschte aus und verletzte mir den Arm . . . «

Wie um seine Worte zu bekräftigen, schob er den Ärmel seines Kirtels etwas hoch und ließ Olaf einen weißen Verband sehen, der um sein Handgelenk angebracht war.

»Als ich mich wieder aufgerichtet hatte, sah ich – dort auf Hrisey – es war ein Schatten, größer als ein Mensch, er stand aufrecht und schüttelte den Kopf – immer hin und her. Er lief furchtbar schnell, viel schneller als ein Mensch über eine Eisfläche laufen kann . . . «

»Und kam er näher?«

»Nein«, sagte das Kind. »Wenn er mich gesehen hätte, wäre ich verloren gewesen. Ich hätte ihm niemals entkommen können – dafür lief er viel zu schnell. Aber er lief zum Glück zur anderen Seite – deshalb lebe ich noch.«

Das letzte flüsterte er nur. Das Kind sah ihn bittend an. »Sag meinem Vater nichts«, bat er.

Olaf lächelte. »Du solltest es doch besser Stigandi sagen? Vielleicht kann er Jagd darauf machen, vielleicht ist es ein Tier.«

»Nein, nein«, sagte das Kind. »Ich will nicht, daß sie erfahren, daß ich geflohen bin. Ich will auch nicht, daß sie wissen, daß ich aufs Eis gegangen bin. Du darfst es nicht sagen.«

Olaf hatte Mitleid mit dem Jungen. Was war jetzt größer, die Angst vor einem Geist oder die Angst, von den Menschen aus seiner Umgebung für feige gehalten zu werden? Dennoch hatte er die Geschichte von der abscheulichen Begegnung nicht für sich behalten können. Darum erzählte er sie einem Fremden, der auf ihn einen vertrauenswürdigen Eindruck gemacht hatte. Der würde wieder fortgehen, und sonst brauchte niemand etwas davon zu wissen.

»Wie heißt du?« fragte Olaf.

»Runolf«, sagte das Kind. »Und ich bin kein Feigling.«

»Natürlich nicht«, antwortete Olaf freundlich. »Aber du mußt auch bedenken, daß hier das Winterlicht trügerisch sein kann. In der Dämmerung kann man sich leicht täuschen. Du suchtest Wild, du sahst eine Bewegung, da dachtest du, daß es ein Lebewesen wäre . . . «

»Kein Lebewesen – es war ein Geist – weiß und riesengroß, und er schüttelte den Kopf . . . «

Olaf sah wieder zu der Insel hin. Ein kalter Wind blies ihm eisig ins Gesicht. Hrisey sah nicht danach aus, ein lebendes Wesen zu beherbergen. Doch ein Geist, ein Troll vielleicht? Olaf wußte nicht, wie ein Troll aussah. Er war ziemlich nüchtern veranlagt, hatte aber in seinem jungen Leben dennoch schon erfahren, daß es Dinge zwischen Himmel und Erde gab, die kein Mensch erklären konnte, mit denen er aber rechnen mußte. Was wußte er schon von den Geistern dieses Landes?

»Komm«, sagte er zu Runolf. »Es ist sinnlos, hier im Wind stehenzubleiben. Geh nicht mehr allein aufs Eis!«

Das Kind schüttelte den Kopf, wie um zu bekräftigen, daß es das nicht vorhatte.

In der Schmiede waren Stigandi und Ornolf mit dem Aussuchen von Geräten sehr beschäftigt. Sie brauchten dringend Beile, denn weil ihnen ausreichendes und gutes Werkzeug fehlte, hatten sie sich im Laufe des Winters mit Beilen aus Walfischknochen behelfen müssen. Die Geräte waren jedoch teuer, und man mußte ein guter Kaufmann sein, um sie für einen anständigen Preis zu bekommen. Olaf überließ Ornolf das Feilschen und sah sich dafür lieber an der gut ausgerüsteten Arbeitsstelle um. Er bemerkte dabei einige kleine geschnitzte Gegenstände, die auf einer Werkbank lagen und nicht in eine normale Schmiede paßten. Er hob einen auf und betrachtete ihn von allen Seiten. Es war eine kleine Männerfigur in sitzender Stellung mit einer Zipfelmütze auf dem Kopf. In den Händen hielt sie einen Gegenstand, der wie ein Kreuz geformt war, dessen Querbalken unten angebracht war. Die Arme waren nur roh angedeutet, das Gesicht war aber sorgfältig ausgearbeitet. Olaf nahm das Figürchen von einer Hand in die andere, bis er die Stimme des Jungen wieder hinter sich hörte. »Findest du das schön?«

»Ja, es ist eine schöne Schnitzerei«, sagte Olaf leise. Er tastete das Profil mit dem Zeigefinger ab, das Kinn mit dem kleinen Spitzbart. »Was stellt sie dar, und wozu ist sie gut?«

»Mein ältester Bruder macht diese Holzformen», sagte Runolf, und seine Stimme klang ziemlich stolz. »Er ist unser Schnitzer. Und er macht immer die Muster für unsere Gußformen.«

Dem Kind gegenüber, das ihm sein Geheimnis anvertraut hatte, schämte sich Olaf nicht, seine Unwissenheit zuzugeben. Die anderen Männer waren in der Ecke beim Amboß sehr beschäftigt und achteten nicht auf sie. »Erklär mir das einmal«, sagte Olaf leise. »Was meinst du mit Mustern für die Gußformen, und was stellt die Figur dar?«

»Mein Vater ist nicht nur Schmied«, sagte Runolf. »Er ist auch Edelschmied und kann Schmuck aus Bronze und Silber und Amulette machen. Ich werde dir sagen, wie das geht.«
Er fing hastig zu sprechen an, froh, daß er dem erwachsenen Fremden etwas erklären konnte, was der offensichtlich nicht wußte.
»Sieh, mein Bruder schnitzt hölzerne Muster für den Schmuck und die Amulette, die mein Vater aus Bronze und Silber gießen muß. Wenn die Holzform fertig ist, vermischt mein Vater Ton und Lavastaub und knetet davon einen Block. Wenn der noch weich ist, wird das hölzerne Muster hineingedrückt, verstehst du?«
»Nein«, sagte Olaf. »Warum?«
»Wenn der Gegenstand aus Holz wieder aus dem weichen Ton entfernt wird, ist die Form des hölzernen Musters natürlich darin abgedruckt. Der Tonblock muß zuerst gut trocknen und wird danach im Ofen gebacken, genauso wie man Töpfe backt. So bekommt man eine Gußform. Dann schmelzt mein Vater Bronze oder Silber, was er in die inzwischen harte Gußform fließen lassen kann, läßt das flüssige Metall in der Form abkühlen, und wenn es einmal hart ist, hast du den gewünschten Gegenstand in Bronze oder Silber. So wird das gemacht.«
Olaf nickte schweigend. Die übliche Arbeit in der Schmiede war ihm kein Geheimnis. Als Kind hatte er oft neben dem Amboß gestanden und zugesehen, wie der Schmied Roheisen, das im Feuer erhitzt und weich gemacht wurde, in Gegenstände umformte, die er machen wollte. Er wußte auch, wie das Eisen aus Sumpferz gewonnen wurde. Aber einen Edelschmied hatte er noch nicht bei der Arbeit gesehen.
»Das ist ein ganz besonderer Auftrag«, flüsterte das Kind ihm verschwörerisch zu. »Mein Vater macht ein bronzenes Amulett von Thor, dem Donnergott, auf Bestellung von Helgi von Kristnes. Aber das Holzmuster ist noch nicht ganz fertig. Sieh, das ist Mjöllnir, der Hammer des Donnergottes, den er immer durch die Luft wirft. Thor hält ihn mit beiden Händen fest. Der Körper muß noch etwas bearbeitet werden. Das ist eine heikle Sache, denn wenn die Figur erst einmal in Bronze gegossen ist, muß mein Vater nach dem Abkühlen den Platz zwischen Brust und Armen ausbohren, denn Thor sitzt vornübergebeugt und stützt die Arme auf die Knie. Es ist nicht schön, wenn Körper und Arme wie ein Klumpen zusammenhängen. Das Ausbohren ist furchtbar schwierig, das können nur die ganz guten Edelschmiede.«

Olaf begriff nun, warum Stigandis Schmiede ein Treffpunkt für die Bauern von nah und fern war. Jede Niederlassung hatte ihre eigene Schmiede, aber soviel er wußte, war unter den Siedlern auf Island kein weiterer Fachmann zu finden, der solch schwierige Aufträge ausführen konnte.
»Helgi der Magere ist doch Christ?« Die Frage war heraus, bevor ihm klar wurde, daß er seine Unwissenheit arg deutlich zeigte. Der Junge schien sich über seine Frage nicht zu wundern. »Ja, schon, aber im Notfall und auf See ruft er den Donnergott an.«
Ohne Aufforderung sprach der Junge weiter. »Helgi ist der Sohn Eyvinds von Gotland und Rafortas, der Tochter König Kjarvals von Irland. Er ist eine Zeitlang bei Pflegeeltern auf den Hebriden gewesen. Dort hat er argen Hunger gelitten. Als ihn seine Eltern besuchten, war er so abgemagert, daß sie ihn nicht mehr erkannten. Darum haben sie ihm den Beinamen gegeben. Und später hat Helgi Thorun, eine Tochter von Ketil Plattnase, geheiratet. Helgi und Thorun gehören beide einem ganz berühmten Geschlecht an.«
Die Priester des neuen Glaubens hatten viele Normannen auf den Hebriden und in Irland zum Christentum bekehrt. Aber wer mit den alten Göttern aufgewachsen war, sah oft die Notwendigkeit nicht ein, ihnen abzuschwören. Warum auch? In der alten Götterwelt war Platz genug für den Gott der Christen. Auf Angia hatten das die christlichen Priester nicht geduldet. Sie hatten alle Standbilder von andern Göttern vernichten lassen, und Kaiser Karl war gegenüber den Bekennern des alten Glaubens recht streng. Aber auf den Inseln im Norden hatten viele nicht nur einen Glauben.
»Helgi ist Christ«, sagte der Junge, »aber er hat Thor den Platz bestimmen lassen, wo er sich auf Island ansiedeln sollte.«
Olafs Augen durchstreiften den Raum und blieben an einem Brett hängen, auf dem längliche Tonblöcke lagen. Das Kind folgte seinem Blick. »Das sind Gußformen für einfache Amulette«, erklärte es. Es nahm einen Block von dem Brett, der so dick wie ein Holzbalken war. In dem schweren, hart gebackenen Tonblock sah man drei ausgehöhlte Figuren, zwei Kreuze und in deren Mitte einen Thorhammer. Olaf lächelte. Stigandi konnte jedenfalls mit seinen Gußformen allen Anforderungen genügen. Er machte Anhänger in Kreuzform und Thoramulette, alles, was gerade gefragt war, und eins war sicher, er lieferte hervorragende Facharbeit.

Ornolf und Stigandi waren sich einig geworden. Die neu gekauften Geräte wurden in einer Kiste verstaut, die Tauschwaren ausgesucht und abgeliefert. Die Männer konnten heimreiten.
»Wenn sieben Nächte vergangen sind, kannst du die überholten Geräte wieder abholen«, sagte ihm der Schmied beim Abschied. »Ich werde dafür sorgen, daß alles wieder gut und brauchbar ist.«
Es war schon dunkel, als die beiden Männer die Siedlung gegenüber Hrisey auf ihren zottigen Pferden verließen. Varou, der die ganze Zeit über bei den Pferden geblieben war, zeigte deutlich seine Freude darüber, daß er rennen konnte. Die graue Welt um den Eyjafjördur wurde immer dunkler, aber das machte ihnen nichts aus, denn die Männer, die Pferde und der Hund konnten den Weg blindlings finden. Schwere Wolken verfinsterten fortwährend das Licht von Mond und Sternen, und der Wind blies eisig über das gefrorene Wasser des Fjords.
Sie waren noch nicht weit von Stigandis Siedlung entfernt, als Varou, der neben Olafs Pferd herlief, die Ohren spitzte und ein tiefes Knurren ausstieß. Mit einem Sprung war das Tier zwischen ein paar schweren Felsblocken am Ufer verschwunden. Ein ihm unbekanntes, angsteinflößendes, brummendes Geräusch zwang Olaf, mit einem Ruck die Zügel anzuziehen. Kurz darauf stand auch Ornolfs Pferd still. Bevor beide Männer begriffen, was geschah, sahen sie einen gewaltigen weißen Schatten zwischen den Felsbrocken auftauchen. In der weißen Umgebung war das Monster kaum wahrzunehmen, es bewegte sich sehr schnell in ihre Richtung, wobei es seinen riesigen Kopf schüttelte. Dicht hinter der Erscheinung sah Olaf den Hund, sich dunkel gegen die weiße Landschaft abhebend; aber viel Zeit, etwas davon in sich aufzunehmen, hatte er nicht. Das Monster hatte die Pferde erreicht, die ängstlich schnaubten und sich aufbäumten. Beide Männer, die damit nicht gerechnet hatten, wurden abgeworfen, und die Pferde gingen durch.
Der Schatten erreichte zuerst Ornolf. Er richtete sich hoch auf und griff mit haarigen Klauen nach dem Mann, der auf dem glatten Boden ausglitt und hinfiel. Blitzschnell hatte Olaf sein Beil gepackt und schleuderte es auf die weiße Masse vor sich. Mit dumpfen Schlag drang die Waffe in die Flanke des Wesens, das sich überrascht und wütend brummend aufrichtete, um den neuen Feind anzugreifen. Olaf erstarrte. Die einzige Waffe, die er jetzt noch besaß, war sein fränkischer Scramasax. Er wußte, daß er diese Waffe nur einmal benutzen konnte, daß er nur einmal eine Chance be-

kommen würde, um zuzustechen; wenn der Stich nicht tödlich war, dann würde er keine Gelegenheit mehr haben, sein Leben zu verteidigen. Im Bruchteil eines Atemzuges erkannte er ganz deutlich, daß er wenig Chancen hatte, das Herz mit einem Stich zu treffen, falls er es mit einem Lebewesen zu tun hatte. Ornolf war wieder auf den Beinen. Der rechte Ärmel war vollkommen zerfetzt; er fühlte das Blut aus einer Wunde strömen, die eine Klaue des Monsters verursacht hatte. Er tastete nach seinem Beil. Der stechende Schmerz in der Schulter hinderte ihn daran, die Waffe ordentlich zu handhaben.

Olaf stand wie an den Boden genagelt, seine rechte Hand um den Heft seines Sax geklammert, auf seinen Füßen balancierend. Hoch aufgerichtet schlug das Monster mit seinen Pfoten nach ihm. Der schlingernde Kopf mit dem aufgesperrten Maul war nun über seinem Haupt, ein durchdringender Gestank schlug ihm ins Gesicht. Vor sich fühlte er, mehr als er sie sah, eine weiße, haarige Masse. Wo war die verletzliche Stelle, das Herz, das er mit einem Stoß treffen mußte, wenn er diese Bewegung überleben wollte? Als sich das Monster auf ihn stürzte, hörte Olaf ein gewaltiges, wütendes Knurren. Etwas Großes, Dunkles flog durch die Luft, etwas, das mit dumpfem Dröhnen die weiße Masse vor ihm traf. Die Masse wich, schwenkte seitlich fort, sackte auf vier Pfoten zusammen und schüttelte verzeifelt den gewaltigen Kopf, um etwas loszuwerden, das wie ein dunkler Schatten an seinem Nacken festgeklammert hing und nicht losließ. Varou!

Olaf trat einen Schritt zurück und hatte dadurch, daß sich die Wolkendecke eben öffnete, die Chance, etwas von seiner Umgebung wahrzunehmen. Ornolf näherte sich von der anderen Seite, das Beil in seiner erhobenen Linken. Der andere Arm hing kraftlos herunter. Ornolf konnte mit der Linken nicht geschickt kämpfen, dennoch kam er Olaf zu Hilfe, ließ sich nicht von dem unbekannten, gewaltigen Angreifer in die Flucht schlagen. Beide Männer näherten sich dem haarigen Berg am Boden, der sich nicht mehr um sie kümmerte, aber alle Kraft darauf verwandte, den ungeheuren schwarzen Hund abzuschütteln, der sich tief in seinem Nacken festgebissen hatte. Es gelang nicht. Varou würde nicht loslassen, würde niemals etwas loslassen, was er zwischen den Zähnen hatte, es sei denn, sein Herr würde es ihm befehlen. Es war aber ein ungleicher Kampf zwischen dem Hund und dem Pelzberg, in den er sich festgebissen hatte. Varou würde sich wahrscheinlich einen rie-

sigen Fleischbrocken aus dem Nacken herausreißen können, aber davon würde das Monster nicht tot sein.
Wieder richtete es sich hoch auf den Hinterbeinen auf, und in diesem Augenblick sprang Olaf hinzu und stieß den Sax bis zum Heft mit einem gewaltigen Ruck in die ihm zugewandte Kehle. Als er aus dem Bereich der wütend kratzenden Vorderpfoten sprang, wurde er noch einmal soeben an der Schulter getroffen, und sein dicker lederner Kirtel wurde aufgeschlitzt.
Dann sackte der weiße Pelzberg gurgelnd und brummend vor ihm zusammen, den Hund noch immer im Nacken.
Ein Zittern durchlief den Körper, er streckte die Pfoten . . . dann nichts mehr. Bebend vor Aufregung standen beide Männer neben dem Leichnam. Erst als sich nichts mehr rührte, befahl Olaf Varou loszulassen.
Ornolf begriff als erster, was geschehen war.
»Ein Eisbär«, sagte er erstaunt. »Ein ausgehungerter Eisbär, der wahrscheinlich auf einem Eisberg hier gelandet ist. Die Götter sind mit uns gewesen . . . «
Sie gingen um das ungeheuer große Tier herum. Der lange Kopf mit den kleinen Ohren und der krummen Nase lag jetzt bewegungslos am Boden, das Maul weit geöffnet. Aus dem Nacken strömte das Blut, das das weiße Fell rot färbte. Sie betrachteten die kräftigen Pfoten, die behaarten Fußsohlen; Olaf verstand jetzt, wie es kam, daß das Tier auf glattem Boden so schnell laufen konnte. Er dachte an Runolf – wenn das Tier am Vortag das Kind gesehen hätte, hätte es keine Überlebenschance gehabt.
Varou jaulte unruhig, rührte aber das tote Tier nicht an. Der Wind strich durch das weiße Fell und wellte das lange Deckhaar. Olaf spürte den eisigen Wind an seinem ungeschützten Arm und erkannte, daß etwas geschehen mußte, daß sie da nicht stehen bleiben konnten, bis sie vor Kälte erstarrten. Er strich Varou über den Kopf und befahl ihm, die Pferde zu suchen. Sie waren nicht weit entfernt und näherten sich zögernd, vom Hund getrieben. Aus den Satteltaschen holte Olaf eine Decke heraus, die er in Stücke schnitt, um zuerst Ornolfs übel zugerichteten Arm gegen die Kälte zu schützen und danach sich selbst. Dann hackte er mit seinem neu gekauften Beil einige dicke Zweige von den Bäumen, und mit Ornolf zusammen machte er mit Hilfe von starken Lederriemen so gut es eben ging einen Schlitten, auf dem sie das gewaltige Tier festzurrten.

Es war keine leichte Aufgabe, den getöteten Angreifer nach Ornolfs Hof zu schleifen, um so mehr, da Ornolf nur eine Hand gebrauchen konnte. Aber es klappte. Die Pferde waren, vor den Schlitten gespannt, stark genug, um die schwere Last über den glatten Boden nach Hause zu ziehen.

Als der Hof erreicht war, bemächtigte sich der beiden Männer eine übermütige Stimmung. Nachdem die erschrockene Astrid den verwundeten Arm ihres Mannes gewaschen, mit Heilkräutern bedeckt und verbunden hatte und der Eisbär in den Stall geschleift worden war, um zu verhindern, daß das Tier von hungrigen Füchsen angefressen würde, hielten sie ein echtes Trinkgelage ab. Die so glücklich verlaufene Begegnung mit dem tödlich gefährlichen Eisbär hatte zur Folge, daß sie den Rest des Winters gut durchstehen konnten. Sie verfügten jetzt über einen Überfluß an Fleisch, Fett und einen prächtigen Pelz.

»Wenn du das Beil nicht so schnell geworfen hättest«, sagte Ornolf gerührt, »wäre ich jetzt tot. Du hast mein Leben gerettet, Olaf Sigurdsson.« Mit einem Schwung goß er den Met in die Gurgel. Er sah das Langhaus sich um ihn drehen, spürte den Trank in Kehle und Speiseröhre brennen und seinen Magen glühend heiß werden. Noch einmal streckte er den gesunden Arm nach Astrid aus, um seinen Becher auffüllen zu lassen, denn nun, wo er warm wurde, peinigten ihn die Schmerzen heftiger, und er betrank sich lieber sinnlos, als es sich merken zu lassen.

»Mein Beil hätte das Tier niemals kampfunfähig machen können«, antwortete Olaf eigentlich mehr zu Astrid sprechend als zu Ornolf. »Aber der Bär wurde dadurch abgelenkt. Deshalb konnte Ornolf wieder auf die Beine kommen.« Dann streckte er die Hand nach dem Hund aus, der zu seinen Füßen am Feuer lag. »Ohne Varou wären wir alle beide nicht mit dem Leben davongekommen«, fügte er dankbar hinzu. »Es war eine beispiellose Zusammenarbeit – nicht wahr, Varou – zu dritt haben wir es geschafft, keiner von uns wäre allein lebend davongekommen.«

Plötzlich wurde ihm bewußt, daß Varou noch keine Belohnung bekommen hatte. Schwankend – denn der starke Trank fing an, nun auch bei ihm zu wirken – ging er zum Stall. »Varou bekommt die Leber«, sagte er vor sich hin. »Er hat die Leber verdient.« Es war Astrids Stimme, die ihn, beschwippst wie er war, zögern ließ, bevor er das Messer in das tote Tier steckte.

»Nicht, Olaf! Niemals die Leber. Die Leber ist giftig!« Sie stellte

sich neben ihn. »Ich bin ganz sicher, Olaf, gib Varou nicht die Leber. Die darfst du nicht nehmen. Sie ist nur für die Götter. Ich weiß das, denn mein Vater kam aus Lappland, er hat dort Eisbären gejagt, und er sagte immer, daß die Leber weder von Menschen noch von Hunden gegessen werden darf.«
Darauf schnitt Olaf ein gewaltiges Stück vom besten Fleisch für Varou ab. Er gab es ihm in dem geheizten Raum am Feuer, obwohl er dem Hund gewöhnlich das Fressen nicht im Langhaus gab. Wie durch einen Schleier sah er, wie das treue Tier darüber herfiel. Danach sackte er zusammen, der Becher mit Met entfiel seiner kraftlos gewordenen Hand; Sterne blitzten vor seinen Augen, und in seinem Kopf begann sich alles im Kreis zu drehen, zuerst langsam, dann immer schneller. Er glitt von der Bank hinunter und sank auf den Boden neben Ornolf, aber das merkte er nicht mehr. Benebelt fiel er neben seinem Gefährten in Schlaf, der schon nicht mehr hörte, was sich um ihn herum abspielte. Sorglich schob Astrid ein Seehundsfell unter ihre Köpfe.

9 DER BERG SPEIT FEUER

Durch die Begegnung mit dem Eisbär hatte sich alles geändert. Einige Tage lang waren die Bewohner des Langhauses stark mit dem Ausbeinen und Verarbeiten des Fleisches und des Fettes beschäftigt und danach damit, den Pelz sauber zu schaben. Das erzwungene Nichtstun mit der daraus folgenden Gereiztheit war vorbei. Das Wissen, daß bis zum Frühjahr Fleisch und Fett genug vorhanden waren, hob die Stimmung im Haus. Hinzu kam noch, daß Ornolf seinen jungen Gefährten jetzt mit anderen Augen betrachtete. Olaf war für ihn nicht mehr der unerfahrene Junge, der erst noch alles lernen mußte, über den er sich so geärgert hatte, als er seinen eigenen Willen bewies und bereit war, für seine eigene Meinung zu kämpfen. Er hatte ihn jetzt auch als mutigen Kampfgenossen, als erfinderischen Gefährten kennengelernt. Seinerseits hatte Olaf gesehen, daß Ornolf ihn in einer lebensgefährlichen Lage nicht im Stich ließ. Daraus war gegenseitige Achtung erwachsen; es entstand eine Kameradschaft, in die auch der Hund einbezogen wurde. Wenn Ornolf die Anwesenheit Varous bisher als unvermeidliches Übel geduldet hatte, sprach er seit dem Kampf mit dem

sprechung eingeführt hat, liegt die Vergeltung in fränkischem Reich in den Händen des Staates und nicht mehr beim einzelnen Menschen.«

»Wir kennen auch ein Gericht«, hatte ihm Ornolf versichert. »Der Godi, dem wir uns freiwillig anschließen, spricht Recht nach den uralten Gesetzen, die wir aus dem Normannenland kennen. Er bestimmt bei einem Vergehen die Buße, die Abfindungssumme, das Lösegeld. Er kann auch bestimmen, daß jemand von seinem Wohnrt verbannt wird oder sogar aus dem Land. Aber die Blutrache geschieht oft ohne den Godi. Die Blutrache ist zwingend. Wer diese Pflicht gegenüber seiner Familie versäumt, der ist ehrlos.«

Olaf dachte nach. Er hatte schon als Kind die Eigenschaft, sich die Folgen seiner Taten vorzustellen. Darum sah er deutlich vor sich, was die Folgen eines solchen Verhaltens waren.

»Angenommen, die Westmänner hätten wohl noch Familienmitglieder auf Island gehabt«, konnte er nicht umhin zu sagen, »würden diese Westmänner ihrer Familie gegenüber nicht verpflichtet gewesen sein, an Ingolfs Leuten Blutrache zu üben?«

Die Antwort kam rasch und ganz selbstverständlich. »Die Westmänner waren Sklaven . . . aber wenn es freie Männer gewesen wären, natürlich! Niemand kann sich seinen Familienpflichten entziehen, den Gesetzen von Ehre und Treue. Niemand!«

»Aber, wenn das so ist, endet die Blutrache niemals«, hatte Olaf erstaunt festgestellt. »Niemals. Es wird immer jemanden geben, der den Tod eines Familienmitgliedes rächen muß, ganz gleich, ob das getötete Familienmitglied recht hatte oder nicht.«

»So ist es«, hatte Ornolf bestätigt. Er schien die Tragweite dessen nicht zu überblicken. »So ist es, und wer dieser Verpflichtung nicht nachkommt, ist ehrlos.«

Darauf hatte Olaf das Gespräch nicht wieder aufgenommen. Er war aufgestanden und fortgegangen, denn er wollte nachdenken, um mit sich selbst ins Reine zu kommen. Er war mit den uralten Werten von Ehre und Treue erzogen worden. Treue der Sippe gegenüber, Treue gegenüber dem einmal gegebenen Wort. Die Blutrache hätte ihm zusagen müssen, hätte seine volle Zustimmung haben müssen. Aber das war nicht so. Olaf verstand selbst nicht warum. Es beunruhigte, verunsicherte ihn. Er beschloß nicht mehr davon zu reden, solange er nicht sicher war, was in dieser Angelegenheit »das Gute« war. Auf Angia waren christliche Priester gewesen, die ein gewaltloses Leben predigten, die den Standpunkt vertraten, »wenn dich jemand auf die linke Wange schlägt, so wende ihm auch die rechte zu.« Dieser Standpunkt war Olafs Wesen fremd. Nun stieß er auf das Gegenteil: Auch das sagte ihm nicht zu. Es war etwas unsinnig an der ganzen Blutrache, es war sinnlose Gefahr dabei, ein Teil Selbstvernichtung. Ein Normanne geht einer Gefahr niemals aus dem Weg; sinnlose Gefahr sucht aber nur der Dumme, und dumm war Olaf Sigurdsson von Angia gewiß nicht.

Olaf kam an der Stelle vorbei, wo er vor sieben Nächten dem Eisbär begegnet war. Es war etwas heller als in der Vorwoche. Dadurch konnte er die Umgebung besser wahrnehmen. Drüben lag die Insel Hrisey, immer noch von Eis umgeben, das Wetter war aber in der vergangenen Woche viel milder geworden; das Eis begann zu krachen und zu arbeiten. Wenn keine neue Kältewelle kam, würde der Fjord vielleicht im nächsten Monat so weit offen sein, daß man Fische fangen konnte.

Olaf ritt gut gelaunt weiter. Er hatte seine Gedanken auf etwas anderes gerichtet, auf seine Pläne für die nahe Zukunft, für die Landarbeit.

Runolf, Stigandis Sohn, hatte ihn schon von weitem kommen sehen und ritt ihm entgegen.

Olaf begrüßte ihn wie seinesgleichen. Er nutzte sofort die Gelegenheit, den Jungen unter vier Augen zu sprechen, und hing ihm das Lederriemchen mit dem Eckzahn des Eisbären um den Hals. Der Junge sah ihn verständnislos an. Danach erzählte Olaf in wenigen Worten von der Begegnung mit dem Bär. Runolf war von der Geschichte sehr beeindruckt. »Ein Eisbär . . .«, stammelte er entsetzt. »Wenn ich gewußt hätte, daß es ein Tier war, wäre ich nicht so bang gewesen.«

Olaf lächelte. »Ich weiß, daß du kein Feigling bist«, sagte er. »Aber ich weiß auch, daß du nicht die geringste Chance gehabt hättest, wenn dich der Bär gesehen hätte. Ich bin viele Winter älter als du, dennoch hätte auch ich allein keine Chance gehabt. Zusammen mit Ornolf und besonders durch den Mut und die Kraft meines Hundes Varou habe ich es geschafft, das Tier zu töten. Ich habe drei Amulette aus den Zähnen des Bärs gemacht. Auf denjenigen, der diese Amulette trägt, überträgt sich ein Teil der Bärenkräfte. Ich fand, daß auch dir ein Amulett zustand, denn durch das, was du mir erzählt hast, war ich vorgewarnt, als der Bär angriff.«

Der Junge wußte nicht, wie er sich verhalten sollte. Sein Gesicht

spiegelte die gegenteiligsten Gefühle: Stolz auf das Amulett, um das ihn seine Freunde und Brüder beneiden würden, aber auch eine gewisse Furcht, daß jetzt bekannt würde, was er bisher nur zu Olaf geäußert hatte. Olaf verstand, was in ihm vorging.
»Wir sprechen jetzt etwas ab«, sagte er. »Ich gebe dir dieses Amulett, damit du dich an das erinnerst, was ich dir jetzt sage: Mut ist etwas anderes als Tollkühnheit; sei weniger bang vor zu wenig Mut als vor zu wenig Verstand. Ein dummer Waghals lebt nicht lang. Und – was du mir erzählt hast, bleibt unter uns.«
Stolz wie ein Pfau ritt Runolf neben Olaf in die Siedlung ein. Von diesem Tag an nannte er Olaf »den Bärentöter«.
Plötzlich taute es. Das Eis in den Fjorden fing an zu schmelzen. Die Tage wurden rasch länger. In alle Höfe der isländischen Siedler kam Leben wie in einen aufgewühlten Ameisenhaufen. Jeder beeilte sich, jeder versuchte, sein Land so früh wie möglich zu bearbeiten. Die Schafe wurden ins Gebirge gebracht, wo sie nach Herzenslust grasen konnten, ohne Schaden auf dem Land anzurichten, das für die Heuernte bestimmt war. Der Frost war kaum aus dem Boden des Túns gewichen, als man ihn pflügte. Die durch Frost entstandenen Erhebungen wurden eingeebnet, das Land gedüngt und eingesät. Auch die Getreideäcker wurden vorbereitet, und Olaf und Astrid hatten alle Hände voll zu tun, um den kleinen Gemüsegarten am Fjord anzulegen. Als die Fjorde eisfrei waren, kamen auch die Handelsbeziehungen wieder in Gang. Vom anderen Ende Islands kamen Schiffe von Siedlern, die sich auf den Handelsverkehr untereinander verlegten. Es kamen auch Knörrs und Langschiffe von viel weiter her, von den Färöern, den Shetlandinseln und den Hebriden.
Neue Flotten von Siedlern stachen in See, getrieben von der nicht geringer werdenden Habsucht und Gewaltherrschaft König Haralds. Der König, erbost darüber, daß die Besten des Volkes versuchten, in der Fremde ein neues Leben aufzubauen, versuchte, sie daran zu hindern, indem er Landaurar erhob, eine Steuer, für die Gunst, das Land verlassen zu dürfen. Es half ihm nicht viel. Sie gingen doch, die freiheitsliebenden Hitzköpfe, die sich von niemandem maßregeln ließen. Island war groß, es war Platz für viele . . .
Wo so viele übersetzten, konnte es nicht ausbleiben, daß im Gefolge dieser edlen Bauern auch Elemente nach Island gelangten, die nicht zur besten Bevölkerungsschicht gerechnet werden konn-

ten. Sie schlossen sich einem führenden Bauern als Knechte an oder gesellten sich unter entsprechenden Vorwänden zu einem Godi. Wenn sie erst auf Island waren, verschwanden sie sobald wie möglich, meistens Hab und Gut mitnehmend, daß ihnen nicht gehörte. Vieh, das sie von dem Mann gestohlen hatten, der ihnen seinen Schutz und die Möglichkeit zur Überfahrt geboten hatte. Wohin sie zogen, wo sie ihren Unterhalt erwarben? Man wußte nichts Genaues. Ab und zu hörte man Berichte von verbrecherischen Elementen, die sich in das unwirtliche Landinnere zurückgezogen hatten und von dort aus ab und zu einsam gelegene Bauernhöfe überfielen und draußen Vieh abschlachteten, das ihnen nicht gehörte. Solche Nachrichten drangen nur in Abständen durch, da sie nur von Männern überbracht werden konnten, die mit ihren Schiffen an der Küste entlangfuhren. Sie begegneten einander an der Mündung des Eyjafjördur in Stigandis Schmiede, die ein Treffpunkt für alle Händler von nah und fern wurde, sobald der Verkehr wieder möglich war.

In dem kurzen isländischen Sommer mußte alle Arbeit getan werden, um ein ganzes Jahr am Leben bleiben zu können. Das ließ einem nicht viel Zeit für andere Dinge, als das Land zu bearbeiten, das Vieh zu versorgen und auf Fischfang zu gehen. Dennoch gab es noch mehr, um das man sich dringend kümmern mußte.

»Es ist zu dumm«, sagte Olaf an einem Abend zu Ornolf, »daß wir auf einer Insel wohnen, von der wir nur den Küstenstreifen kennen. Natürlich müssen wir wissen, wie das Innere aussieht. Bard aus Bardardalur war davon überzeugt, daß Landwind besser als Seewind ist und meinte deshalb, daß das Land südlich der Heide besser wäre. Das müssen wir untersuchen. Wir müssen versuchen, Wege zu finden, um einander auch über Land besser erreichen zu können. Wir müssen wissen, ob dort, weiter landeinwärts noch Gebiete sind, wo man wohnen kann, wo vielleicht das Gras noch besser ist, oder wo wir Wälder finden können, deren Holz besser für den Schiffsbau geeignet ist als die kleinen Zwergbirken hier. Wir müssen es erkunden.«

Ornolf nickte lahm. Auch er hatte schon einmal daran gedacht. Aber der Mensch hat nur zwei Hände und das Wichtigste ging vor. Lebensmittel waren das Wichtigste, besonders in den ersten Monaten, in denen etwas wuchs. »Später, wenn das Land bestellt und die beste Zeit für den Fischfang vorbei ist, wenn der Vogelfang hinter uns liegt . . . später können wir immer noch gehen.«

»Sofort nach der für den Vogelfang günstigen Zeit müssen die Schafe wieder zusammengetrieben und geschoren werden«, sagte Olaf. »Und dann wird es ganz plötzlich Winter. Wir können doch nicht im Finstern Nachforschungen anstellen.«

In diesem Sommer wäre sicher nichts daraus geworden, wenn nicht bei Frühjahrsbeginn etwas geschehen wäre, wodurch die Erkundung des Innern der Insel eine schon wahrhaft dringende Angelegenheit wurde.

Im Frühling hatten die Leute von Ornolfs Hof ausgedehnte Opfergottesdienste am Ufer des Fjords abgehalten, um die Fruchtbarkeitsgötter zufriedenzustellen. An diesem Abend war jeder erst spät zu Bett gegangen. Früh am folgenden Morgen, als die andern noch schliefen, war Olaf aufgestanden, um draußen nachzusehen, wie das Wetter an diesem Tag werden würde. Varou, der durch das leise Geräusch, das sein Herr verursachte, wach geworden war, spitzte die Ohren und richtete sich auf.

Soweit Olaf es beurteilen konnte, würde es trocken bleiben. Das Wetter schien ruhig zu sein, es ging kaum Wind. Olaf kehrte ins Haus zurück und fing an, sich anzukleiden. Er wußte, daß zwei Mutterschafe jeden Augenblick werfen konnten, und wollte in Reichweite sein. Kurz darauf stieß Olaf die Tür auf, um hinauszugehen. Draußen hatte sich etwas geändert.

In dieser kurzen Zeit, die er zum Ankleiden benötigt hatte, war früh an dem ruhigen Morgen etwas geschehen, das Olaf nicht erklären konnte. Weit entfernt im Osten hing eine gelbbraune Wolke am Himmel, die schnell wuchs. Es war ein seltsamer Anblick; Olaf fühlte sich gezwungen, stehenzubleiben und danach Ausschau zu halten. Die gelbbraune Wolke wurde zusehends größer – dann begann die Erde zu beben. Während er hinter sich im Haus die Leute, die erwacht waren, zwischen den Erdstößen sprechen hörte, sah Olaf zu seiner Überraschung, daß dort eine Säule aus Rauch und Asche in den Himmel stieg, immer höher. Wie an den Boden genagelt stand er da und schaute auf die Naturgewalt, die ihm fremd war und ihn ängstigte. Varou stand neben ihm. Er hatte die Ohren angelegt. Und ganz tief aus seiner Kehle kam ein Knurren.

Astrid kam aus dem Haus heraus. Erschrocken hielt sie sich an Olaf fest. »Was ist das? Was ist da los?«

Er konnte sie nicht beruhigen. Ornolf und die Knechte standen jetzt in der Türöffnung.

»Die Berge speien Feuer«, sagte Olaf. Er wußte nicht, ob

es gefährlich war, ob es lange dauern würde, was die Ursache war.

Die Zeit verstrich. Niemand konnte sich zur Arbeit entschließen. Ehrfurchtsvoll mit kaum verhohlener Angst, starrten sie nur auf den östlichen Himmel, wo sich über den Bergketten auf der gegenüberliegenden Seite des Fjords riesige Haufenwolken bildeten, auf die Sonnenglanz fiel. Die Unterkante der Haufenwolken war blauschwarz, und es sah so aus, als ob Blitze durch sie hindurchschössen.

Im Laufe des Tages wurde die Naturgewalt geringer, aber die Haufenwolken blieben. Vom Ostwind mitgeführt, rieselte feine Asche auf das Land neben dem Fjord.

An diesem Abend sprach Ornolf aus, was Olaf schon lange beschäftigt hatte. »Wir müssen wissen, wie es im Landesinnern aussieht, was dort los ist.«

Sie dachten lange darüber nach, wann das am besten geschehen konnte. Zum Schluß einigten sie sich darauf, daß Olaf mit Varou losgehen sollte, um das Land im Osten aufzusuchen und versuchen sollte, vorbei an Bards Siedlung mitten durch das Landesinnere einen Weg zur Siedlung Uni des Dänen zu finden, der sich in der Umgebung ihrer ersten Landestelle angesiedelt hatte. Das sollte geschehen, sobald sie alles eingesät hatten und eine kurze Ruhepause vor dem Trubel der ersten Heuernte und dem Fischfang kam. Olaf hatte die Gabe, sich besonders gut zurechtzufinden. Obendrein würde ihm Ornolf für dieses Unternehmen den Sólarstein mitgeben, so daß er auch bei bewölktem Himmel die Sonne finden konnte. Am liebsten wäre Ornolf selbst mit Olaf losgezogen, aber man konnte sie nicht beide auf dem Hof entbehren, und da das Kind, das Astrid erwartete, jetzt jeden Augenblick zur Welt kommen konnte, lag es auf der Hand, daß Ornolf zu Hause blieb.

»Mir wäre es lieber, wenn du nicht ganz allein gingst«, sagte Ornolf. »Unterwegs kann alles mögliche geschehen, ein solches Unternehmen muß von mindestens zwei Männern durchgeführt werden. Aber ich kann auf dem Hof unmöglich noch einen Mann entbehren.«

Da dachte Olaf an Stigandis jüngsten Sohn. Der Junge war ein ausgezeichneter Reiter aber auf dem Feld noch keine vollwertige Arbeitskraft. Er war sich sicher, in ihm einen ergebenen und geschickten Helfer zu haben.

»Morgen gehe ich bei Stigandi vorbei und frage ihn, ob er mir sei-

nen Sohn mitgibt«, sagte Olaf. »Ich könnte mir vorstellen, daß der Junge das großartig finden wird, und so lange bleiben wir nun auch nicht weg. Ich schätze, daß wir in einem halben Mond wieder zurück sind.«
»Wenn die Götter mit dir sind«, sagte Astrid leise.
Im Osten rauchte der Berg, und immer noch rieselte ein feiner Aschenregen auf Haus und Land hernieder. Aber die Erde bebete nicht mehr.

10 AUF ERKUNDUNG

Tief über dem See stand die jetzt blutrote Abendsonne. Glatt wie ein Spiegel umschloß das Wasser die unzähligen kleinen Inselchen und die bizarr geformten Lavabrocken, die wie versteinerte Trolle über das Brutgebiet tausender Wasservögel wachten. Vor dem noch hellen Himmel zeichneten sich blauschwarz und grau die Spitzen vieler erloschener Krater ab. Auf den ungezählten Inselchen hatten zahlreiche Entenarten und andere Wasservögel ihre Nester gebaut. Viele saßen schon auf den Eiern, aus denen in einigen Wochen die Jungen zum Vorschein kommen mußten.
Die beiden jungen Männer zu Pferd, die von einem großen schwarzen Hund begleitet wurden, waren am Seeufer abgestiegen und hatten in den niedrigen Sträuchern einen geschützten Platz für die Nacht gesucht. Anfangs hatten sie in dem so stillen Brutgelände eine gewaltige Aufregung verursacht. Die Vögel, die sich an den Larven und Fliegen über dem Wasser gütlich taten, waren zu Hunderten erschreckt aufgestiegen.
Hinter den Männern, auf den vom Frost verursachten kleinen Aufbrüchen im Grasland blühten viele kleine, bunte Blumen; Farne, Kräuter und Gräser gaben dem Land ein saftig grünes Aussehen. Auch dort suchten viele Vögel eifrig nach Insekten und Schnecken, nach Samen und Moos.
Die Männer schwiegen. Nach einem langen Tagesritt waren sie ermüdet bei dem See angelangt. Der unerwartete Ausblick auf die friedlichen Brutplätze hatte Überraschung und Erstaunen in ihnen geweckt. Davon wurden sie ganz still. Die gewaltigen Blütenschirme der manchmal zwei Meter hohen Engelwurz bildeten einen merkwürdigen und lustigen Rahmen um das Wasser. Im Osten hing immer noch gelber Dampf über den Bergen, aber in dieser

friedlichen Umgebung, wo alle diese Vogelarten verträglich nebeneinander lebten, schien die Bedrohung nicht mehr so groß.
Olaf Sigurdsson sprach als erster; während er seine langen Beine behaglich ausstreckte und sein Haupt an den weißen Stamm einer Zwergbirke lehnte, seufzte er zufrieden. »Das Leben schreckt uns manchmal«, sagte er mehr zu sich als zu Runolf neben ihm. »Es kommen auch immer wieder Augenblicke, in denen das Leben schön ist.«
Der Junge hatte seine Satteltasche abgeschnallt und suchte nach etwas Eßbarem, um seinen Hunger zu stillen. Mit den Fingern riß er lange Streifen von einem Stück Trockenfisch ab. Schweigend schob er auch Olaf etwas zu.
Varou hatte sich in erstaunlich kurzer Zeit selbst bedient; während die Pferde das saftige Gras kauten, stand er am Rande des seichten Wassers und hatte mit nur einem Schlag eine große Lachsforelle aus dem Wasser gezogen.
»Ja«, sagte der Junge. »Hier ist es schön.« Seine Augen folgten den Bewegungen der vielen Vögel. »Nahrung im Überfluß, eine große Menge Eier, die man viel bequemer als an den Vogelfelsen am Meer einsammeln kann, Lachsforellen, fruchtbares Land, saftiges Gras. Außerdem ist es hier geschützt. Der Seewind kommt nicht über die umliegenden Berge hinweg. Hier sollten wir uns ansiedeln.«
»Die Entfernung zum Meer ist mir zu groß. Wir sind ein Volk von Seefahrern, Runolf, ich fühle mich nie wohl, wenn ich längere Zeit die See nicht sehen kann.« Und ohne seine Gedanken auszusprechen erwog Olaf, daß man den Frieden stören würde, wenn man hier wohnte und jagte. Solche seltsamen Gedanken hatte er öfter. Er hatte gelernt, sie für sich zu behalten. Zu oft hatte man ihn mißtrauisch angesehen oder verspottet, wenn er eine Bemerkung machte, die die andern nicht verstanden.
Zwei Tage waren sie zusammen unterwegs, Olaf Sigurdsson und Stigandis jüngster Sohn. Am ersten Tag waren sie durch das Gebiet östlich von Eyjafjördur gezogen, das Olaf schon im Winter erkundet hatte. Sie hatten den großen Birkenwald durchquert und waren über den Paß gezogen, der die Pforte zu den Basaltbergen bildet. Dort veränderte sich die Landschaft. Die tiefen Täler und die spitzen Berge machten mit Sträuchern bewachsenen Lavafeldern Platz. Sie waren an dem Wasserfall vorbeigekommen, wo Olaf das Kind Magnus gefunden hatte. Die erste Nacht hatten sie in Bardardalur

verbracht, wo sich die Leute von den Entbehrungen des ersten Winters einigermaßen erholt hatten. Dort waren auch sie sehr erschrocken über den Berg, der im Osten ausgebrochen war, und viele waren sehr froh, daß Olaf Nachforschungen anstellte. Zu Pferd hatten sie jetzt eine gute Strecke zurückgelegt. Der rauchende Berg schien nicht mehr fern zu sein. Olaf hoffte, ihn am folgenden Tag zu erreichen. Dicht über dem Wasser schwärmten zahllose kleine Fliegen. Als die Männer das Feuer gelöscht hatten, worauf sie sich ihr Abendessen bereitet hatten und sich in ihre Schlafsäcke eingerollt hatten, schwebten sie in Wolken hernieder und krochen in Nase und Ohren. Aber sie stachen nicht. Die Männer schliefen in dieser Nacht ungestört.
Als die Sonne wieder hoch am Himmel stand, verließen sie den friedlichen See nach einem kräftigen Frühstück und einem erfrischenden Bad nur ungern. Die versteinerten Trolle standen immer noch im Wasser, aber im hellen Sonnenschein sahen sie nicht angsterregend aus.
»Ich nenne diesen See Myvatn – Mückenwasser«, sagte Olaf Sigurdsson. »Wenn wir auf dem Rückweg hier entlangkommen und noch Zeit haben, dann bleiben wir eine Nacht länger.«
Sie ritten um die Südspitze des Myvatn herum und näherten sich dann einer riesigen Lavawüste. Felswände von fünfzig bis fünfundsiebzig Fuß überragten einen wahren Irrgarten von Felsbrocken und Spalten, von Höhlen und Grotten.

Sie zügelten ihre Pferde und starrten voller Verwunderung auf das, was wie befestigte Wohnorte von Riesen aussah. Hatten sie sich hier in die Wohngegend der Trolle Islands verirrt? Unbewußt griff Runolf nach dem Lederriemchen des Thorhammeramuletts, das an seinem Hals hing, beim Donnergott Schutz vor den Riesen suchend, die er fürchtete. Hoch über den gewaltigen Lavafestungen kreisten einige Falken.

Olaf zögerte. Langsam ritt er in den Irrgarten ein, aber rasch erkannte er, daß sie in Gefahr gerieten, sich in dem Lavafeld zu verirren.
»Ein andermal nehmen wir uns schon die Zeit, diese schwarzen Türme zu untersuchen«, sagte er zu Runolf, der ihm folgte. »Wir reiten jetzt darum herum.«
Wachsam, mit aufs äußerste angespannten Nerven, da sie sich jetzt dem rauchenden Berg näherten, ritten sie hintereinander her, die Zügel der Pferde locker lassend. Die Tiere suchten sich auf dem Boden voller Spalten und Löcher sehr sicher einen Weg. Varou trabte manchmal vor ihnen, dann wieder neben dem Pferd seines Herrn her. Um sie herum waren Einsamkeit und Stille. Es war, als ob sie in einer Urwelt allein wären. Sagte das Volvalied nicht, das aus der Berührung aus Eis und Feuer das erste atmende Wesen entstanden war, der Riese Ymir, der einsam in dem unwirtlichen Niemandsland zwischen Nord und Süd hauste? »Es war in der Urzeit, da Ymir lebte . . . « So mußte das Niemandsland ausgesehen haben – vielleicht war Ymir hier aus Gletschereis und Lavafeuer entstanden. Vielleicht haben hier die ersten Riesen gelebt in Utgard, dem Land der Verlassenheit, der Wildnis und der Steinwüsten.
Die Landschaft wurde immer unwirtlicher. Das Grün war verschwunden, um braungelben Hügeln Platz zu machen, die kahl und öde an vielen Stellen dampften. Sogar der frische Wind hatte sich gelegt. Die Luft roch aufreizend; dieser Geruch wurde immer stärker. Hier und da versuchte ein kleines Pflänzchen aus dem trockenen, heißen Boden noch Lebenskraft zu schöpfen. Dann gab es nur noch gelben, trockenen, unter den Pferdehufen knisternden Boden und erstickenden Gestank, der ihnen entgegenschlug wie ein Gestank von tausenden faulen Eiern . . .
In der Ferne lag der gesuchte Berg. Die aus dem frischen Lavafeld aufsteigende Hitze wurde immer größer. Es war schon von weitem deutlich sichtbar, was geschehen war. Der Feuerstrom, der auf seinem Weg alles begraben, verbrannt, erstickt hatte, war zu Lava erstarrt, zu einem See kantiger, bröckeliger, schwarzer Lava. Aber der Berg schlief jetzt. Aus dem Krater und dem noch glühend–heißen Lavafeld stiegen nur Dämpfe auf. »Ich habe gesehen, was ich sehen wollte«, sagte Olaf zu Runolf, der mit Mühe seine Angst verbarg. »Wir ziehen nicht weiter. Der Berg ist zur Ruhe gekommen. Hier wartet nichts Gutes auf uns.«
Der Junge wendete erleichtert sein Pferd. Er hatte das Gefühl, der

Unterwelt, dem Reiche Hels, einen Besuch abzustatten. Zwischen der friedlichen Pracht von Myvatn und dieser übelriechenden, dampfenden Wüste war doch ein großer Unterschied. Dann geschah es . . .

Während sie langsam nach Süden zurückritten, flog plötzlich etwas durch die Luft, das dicht neben Runolfs Pferd in den Boden einschlug. Bevor sie begriffen, was geschah, hörten sie eine Stimme: »Ergib dich«, rief die Stimme. »Du hast keine Chance. Absteigen und Hände hoch!«

Einen Augenblick lang wußte Olaf nicht, wie ihm geschah. Er war so sehr davon überzeugt gewesen, daß weit und breit kein menschliches Wesen zu finden war, daß er alle Wachsamkeit vergessen und nur auf die Gefahren des Geländes geachtet hatte. Er hatte Pfeil und Bogen nicht schußbereit. Mit einem Dolch konnte er bei der Entfernung nichts ausrichten. Die ungenauen Berichte, die ihm an Stigandis Arbeitsplatz zu Ohren gekommen waren, schossen ihm jetzt durch den Kopf. Es gab Verbrecher in dem neuen Land, sie hielten sich in den großen Wüsten des Landesinnern auf – hatte man ihm gesagt. Hier gab es also welche. Vermutlich hatten sie in dem Irrgarten Schutz gesucht, den Olaf »die schwarzen Türme« genannt hatte, wo jeder, der dieses Gebiet nicht kannte, sich hilflos verirren mußte.

Sie kamen hinter einem Hügel im Gelände zum Vorschein, zwei wüste Kerle mit dunklem Haar und dunklem Bart. Sie trugen Lanzen und Beile, Pfeil und Bogen bei sich. Man sah keine Pferde.

Runolf hatte seine Hand schon am Dolch, aber Olaf wußte, daß sie bei so großer Entfernung ohne Lanze und Pfeile nichts ausrichten konnten. »Absteigen«, sagte er leise zu Runolf. Er selbst war ein gutes Vorbild, indem er langsam aus dem Sattel glitt. Varou knurrte und wartete auf einen Befehl seines Herrn.

»Paß auf!« flüsterte Olaf seinem jungen Gefährten zu. »Machs wie ich!«

Langsam hob er die Hände. Widerwillig folgte Runolf seinem Vorbild.

Die Männer kamen jetzt vorsichtig hinter ihrem natürlichen Schutzschild hervor, in der Rechten ein Beil haltend. Olaf ließ sie näher kommen. Auf den Jungen konnte er nicht zählen – es war möglich, daß dieser durch eine unbeherrschte Gebärde seinen ganzen Plan durchkreuzen würde, aber er mußte es darauf ankommen lassen.

Sie waren jetzt keine sechs Fuß mehr von ihnen entfernt. »Wirf deinen Dolch auf den Boden«, sagte der Anführer. »Rasch!«
Langsam ließ Olaf seine Rechte zum Gürtel gleiten. In dem Augenblick, als er den Heft seines Dolches fühlte, gab er dem Hund den Befehl: »Faß, Varou!«
Wie der Blitz schoß der Hund auf den vorderen Mann los, der nicht schnell genug reagierte. Der verzweifelte Versuch, mit seiner Waffe den Hund zu treffen, hatte kaum Erfolg. Varou biß ihm die Kehle durch, bevor das Messer seine Flanke streifte und eine leichte Wunde verursachte.
Der andere Mann ließ sich durch den Sprung des Hundes sekundenlang ablenken. Das genügte Olaf, um zuzuschlagen. Er traf seinen Gegner mit einem Dolchstich in den rechten Oberarm. Mit einem Schmerzensschrei ließ der Mann sein Beil fallen. Dann stürzte er sich auf Runolfs Pferd, das ihm am nächsten stand. Olafs Pferd bäumte sich auf.
»Er entkommt«, schrie Runolf rasend vor Wut.
Olaf wußte nicht, ob noch mehr Angreifer als die beiden da waren, die er gesehen hatte. Zeit zum Überlegen blieb nicht. Er mußte handeln, wenn er den zweiten Mann in der gelben, dampfenden Wüste nicht aus den Augen verlieren wollte.
Einen Augenblick später hatte er sein Pferd unter sich. Dann wendete er es und jagte hinter dem Angreifer her, Varou bei dem Jungen zurücklassend.
Es wurde ein wilder Ritt über den brüchigen, rauchenden Boden. Der Mann stob vor ihm weg. Er war ein guter Reiter, und da er das Gelände zu kennen schien, fürchtete Olaf, daß er entkommen könnte. Er erkannte, daß er dann nicht nur keine Chance mehr bekommen würde, sich zu rächen, sondern auch noch Runolfs Pferd verlieren würde. Er trieb das erschreckte Tier zum Äußersten. Runolf stand wie an den Boden genagelt und sah den Reitern nach, die geradewegs in den dampfenden Höllenpfuhl hineinritten.
Varou wich nicht von der Leiche des Mannes, den er getötet hatte. Er würde dabei wachen, bis er von Olaf den Befehl empfangen hatte, sein Opfer freizugeben.
Olaf beugte sich soweit wie möglich über den Pferdenacken. Sein Feind war jetzt hinter dem Hügel verschwunden. Olaf folgte den Hufspuren.
Als er um einen Hügel herumgeritten war, der den Mann und sein Pferd vor seinen Augen verborgen hatte, sah er etwas Merkwürdi-

ges. In der Ferne am Rande von etwas, das wie eine Mulde im Gelände aussah, stand das Pferd, der Reiter aber war verschwunden. Einen Augenblick lang dachte er, daß dort irgendwo ein Versteck sein müsse. Dämpfe stiegen aus der Mulde auf; das Pferd wieherte ängstlich. Es lief ein paar Schritte zurück, wendete und kam geradewegs auf Olaf zu.
Der gelbe Boden knisterte unter den Pferdehufen. Olaf stieg ab. Der Grund unter seinen Füßen fühlte sich heiß an. Vorsichtig, die Linke am Zügel seines Pferdes und die Rechte um seinen Sax geklammert, ging er auf die Mulde zu.
Als er dicht davor stand, sah er, daß das Loch im Boden mit einer schwarzen, blubbernden Masse angefüllt war, die wie ein Topf kochender Suppe sprudelte und dampfte und einen gräßlichen Gestank verbreitete. Überrascht starrte Olaf in den schwarzen Schlammpfuhl. Vorsichtig versuchte er, noch einen Schritt nach vorn zu machen; bevor er sein Gewicht auf den vorgeschobenen Fuß verlagert hatte, bröckelte der Boden ab. Hastig zog er seinen Fuß zurück. Da begriff er, was geschehen war.
Das Pferd, das von dem Dieb zu noch größerer Eile angespornt worden war, hatte gespürt, daß Weitergehen Gefahr bedeutete. Gerade noch rechtzeitig war es stehengeblieben und hatte seinen Reiter in hohem Bogen abgeworfen, geradewegs in den kochenden Schlammpfuhl. Der Mann hatte nicht einmal mehr Zeit gehabt, einen Schrei auszustoßen. Er mußte tot gewesen sein, bevor ihm klar wurde, was geschah.
Olaf wurde übel beim Gedanken an das grausige Ereignis. Er stieg wieder auf und ritt langsam, gefolgt von Runolfs Reittier, auf der von ihm selbst hinterlassenen Spur zurück zum Ort des Überfalls. Runolf jubelte, als er Olaf mit beiden Pferden zurückkommen sah. »Hast du ihn niedergeschlagen? Ist er tot?«
Olaf antwortete nicht viel darauf. »Die Erde hat ihn aufgenommen«, war alles, was er sagte. Runolf sah, daß er jetzt nicht weiter in ihn dringen durfte.
Mit etwas Trinkwasser von ihrem Vorrat reinigten sie Varous Wunde, bedeckten die Leiche ihres zweiten Angreifers so gut es ging mit Lavabrocken und Steinen und ritten schweigend durch die ausgedehnten Lavafelder nach Osten.
Sie gönnten sich unterwegs kaum Ruhe, um etwas zu essen, und ritten weiter, bis sie tief in der Nacht einen Gletscherfluß erreichten, der die Wüste durchschnitt. Dort stiegen sie ab und machten sich

für die Nacht bereit. Erst dann erzählte Olaf, was er in der grausigen gelben Wüste erlebt hatte.
»Wir können es uns nicht mehr leisten, alle beide gleichzeitig zu schlafen«, sagte er. »Wir wissen nicht, ob noch mehr Banditen in der Wüste hausen. Ich übernehme die erste Wache.«
Der Junge nickte. »Die Götter sind mit uns«, sagte er zufrieden. Todmüde rollte er sich in seine Decke und schlief in wenigen Augenblicken ein.

11 IN DER WÜSTE

Die graue Sandwüste erstreckte sich endlos – wüst und leer. Steine, Staub, Sand – nichts Grünes mehr, nirgendwo Gras. Wie Trolle standen Steinhaufen in der Ebene. Die blauen Berge zeichneten sich in der Ferne gegen den Himmel mit seltsam geformten Wolken ab. Die Wolkenschatten bildeten bewegliche, dunkle Flecken in dem leblosen Sand. Die Männer, die ihren Ritt durch die Wüste früh am Morgen begonnen hatten, verloren schnell jedes Gefühl für Zeit und Raum. Sie waren schätzungsweise eine halbe Tagesreise weit gekommen, als sich der Himmel bezog. Die Wolken verdichteten sich; die Sonne warf keine Schatten mehr. Es war, als ob jetzt alles Leben ausgelöscht, als ob die beiden Reiter mit dem großen Hund die einzigen Lebewesen in einer Urwelt wären.
Aber wer sich die Mühe machte, einen Steinhaufen aus der Nähe zu betrachten, sah zu seinem Erstaunen, daß zwischen den riesigen Steinen winzige Pflänzchen wuchsen, die versuchten, Farbe in die graue Abgeschiedenheit zu bringen, kleine Sträußchen violetter, rosa und gelber Blümchen, ganz zartes Grün. Dann brachten plötzlich flockige Wollgrasbüschel Farbe in den grauen Sand, um zu zeigen, daß das Leben immer wieder siegt.
Ein kalter Wind kam auf, der über die ebene Wüstenei hinwegheulte. Über den blauen Bergen hing eine graue Wolkendecke. Im Osten, weit entfernt, wirbelte eine Staubwolke am Fuße der Berge entlang. Sie näherte sich in rasender Eile.
»Reiter«, schrie Runolf. »Dort irgendwo. Sieh nur, welche Staubwolken! Das müssen viele Reiter sein.«
Olaf hielt sein Pferd an. Er starrte auf die seltsame Erscheinung. Er

erschrak. Er hatte niemals etwas Ähnliches gesehen. Aber er spürte, was das bedeutete. »Komm mit«, rief er dem Jungen zu. »Dorthin, zu diesem Steinhaufen, rasch!«
Die Pferde, erschreckt von der unerwartet rauhen Behandlung, mit der sie zu größerer Eile angespornt wurden, schossen auf die Erhebung in dem Gelände zu. Dort zog Olaf die Zügel an und sprang aus dem Sattel. »Schnell, such Deckung!«
Hinter dem Steinhaufen, an den Boden geschmiegt, fanden sie einigermaßen Schutz vor dem jetzt aufkommenden Wind. Man mußte die Pferde kaum anspornen, sich hinzulegen. Mit einem Griff zog Olaf eine Decke aus der Satteltasche und breitete sie über die Köpfe von Pferd und Hund. Dann kroch er selbst darunter und versuchte zu verhindern, daß der stürmische Wind die Decke packte, indem er sie fest anzog. Runolf folgte seinem Vorbild, ohne zu fragen. Zwischen seinen Zähnen knirschte Sand.
Es war, als ob die Tiere begriffen, daß sie liegenbleiben mußten, den Kopf unter der Decke, welche etwas Schutz gegen den in Nase und Ohren, Augen und Mund eindringenden Sand bot.
Die Naturgewalt wirkte nicht lange auf sie ein. Aber für die Männer, die keine Wirbelwinde kannten, schien es eine Ewigkeit zu dauern. Scharfe Staubteilchen schrammten die Haut, die nicht mit Kleidungsstücken oder Decken geschützt war. Kleinere Steine wurden von dem Wirbel wie Wollgrasbüschel erfaßt. Auf einmal war es vorbei. Mühsam kamen die Männer unter der dicken Sandschicht hervor, klopften den Staub ab, schüttelten ihre Kleidung aus. In der Ferne raste der Wirbelwind weiter, wie eine Reitergruppe in der sandigen Ebene dichte Staubwolken zurücklassend. Es schien so, als ob die Geister der Wüste die Eindringlinge in ihrem Gebiet abwehren wollten. Olaf fragte sich schon, welche Überraschung ihm noch zuteil werden könnte.
Es ging besser als erwartet. Nach einem scharfen Tagesritt übernachteten sie bei einem Fluß. Das glasklare, eiskalte Bergwasser schmeckte ausgezeichnet. »Seltsam«, sagte Runolf. »Warum ist dieses Wasser so klar und lecker, während das Wasser an unserem vorigen Lagerplatz so grün und schmutzig war?«
»Das muß Schmelzwasser von einem Gletscher gewesen sein«, antwortete Olaf. »Darin ist allerlei Schmutz und Staub. Es hat auch eine ganz andere Farbe.«
Nach den mißlichen Abenteuern, die der Mann und der Junge erlebt hatten, war ihr Zusammengehörigkeitsgefühl gewachsen. Es

war, als ob sie schon viele Monate und nicht erst einige Nächte zusammen unterwegs wären. Mit einigen wenigen trockenen Zweigen, die sie nahe beim Wasser auflasen, wo an einer geschützten Stelle niedrige Sträucher wuchsen, legten sie ein Lagerfeuer an. Die Pferde taten sich an Moos und Gras gütlich, das am Fluß entlang wuchs. Die kahle Wüste sah schon etwas freundlicher aus. Das lustig knisternde Feuer machate sie zutraulich. Diesmal fragte der Junge den Mann nach seiner Jugend im Randgebiet des frankischen Reiches. Olaf erzählte von der Insel, auf der er geboren war, von Sven Haraldsson, seinem Großvater. Ohne daß es ihm bewußt wurde, sprach er mit großer Zuneigung von den alten Menschen, die seinem Leben eine Richtung gegeben hatten. Ab und zu verstummte das Gespräch. Dann brachte es Runolf mit einigen Fragen wieder in Gang.

»Warum bist du von dort weggegangen?«

»Das Erbe war für zwei Familien zu klein. Es wurde Zeit, daß ich mein eigenes Leben lebte. Aber einmal – bald – werde ich wieder dorthin fahren, wenn ich eine Handelsreise unternehme.«

Der Junge steckte zögernd einen Streifen Trockenfisch in den Mund.

»Warum willst du dorthin und nicht nach Norwegen oder Schottland?«

Olaf antwortete nicht sofort. Er streckte sich auf dem harten Boden aus und bettete seinen Kopf auf Varous Rücken. Warum sollte seine erste Seereise von Island aus nach Angia gehen?

Er sah die beiden alten Menschen vor sich, wie sie beim Abschied dort am Strand gestanden hatten. Er wußte, daß sie auf ihn warteten, daß sie aus seinem eigenen Mund hören wollten, wie es ihm auf Island erging. Ein Gelübde, ein einmal gegebenes Wort, hält man. Dennoch war es nicht nur das, was ihn nach Angia trieb.

»Ein Mann hat seine Wurzeln«, sagte er.

Das kleine Feuer war ausgebrannt. Sie redeten nicht mehr.

Sie standen oberhalb von einem langen, schmalen See und sahen in ein geschütztes Tal. Am anderen Ufer war ein ausgedehnter Birkenwald, dessen Bäume etwa dreißig Fuß hoch waren. Die Bergketten zu beiden Seiten des Sees hielten die Stürme ab. Das Land sah dort grün und fruchtbar aus. Durch die geschützte Lage war der Sommer hier schon viel weiter fortgeschritten als im Norden am Eyjafjördur.

Von ihrem erhöhten Standort aus konnten die Männer den See überblicken.
»Sieh«, zeigte Olaf seinem Gefährten, »da wohnen Menschen.«
Der Junge blickte in die angegebene Richtung; er verstand nicht, woher Olaf das wußte. »Woher weißt du das?«
»Das kannst du an der Grasfärbung erkennen. Dort, das große Rechteck mit dem satten Grün, das muß ein Tún sein; ohne Düngung gibt es kein solch grünes Gras. Und wo ein Tún ist, ist ein Haus. Siehst du, daß die Engjar eine viel hellere Farbe haben, daß sie viel gelber aussehen? Das kommt dadurch, daß ungedüngtes Grasland ganz anders ist, nicht so saftig und fett. Ich glaube, daß in dem Gelände dort ein kleiner Hügel liegt und daß dahinter das Haus gebaut ist. Laß uns einmal nachsehen!«
Nun sahen sie auch am gegenüberliegenden Ufer dicht vor der Stelle, wo der Birkenwald anfing, ein großes Viereck mit dunkelgrünem Gras. Und nach Süden zu, am Ende des langen schmalen Sees, gab es auch grüne Flecken in der gelblichen Umgebung.
»Wir müssen das Gebiet von Uni dem Dänen oder von Grim und Thorkel erreicht haben – wahrscheinlich können wir da über Nacht unterkommen.«
Sie folgten dem See an der Westseite in südwestlicher Richtung. Es war ein wunderbarer Gedanke, nachdem sie all die Tage und Nächte durch das unwirtliche und wüste Innere der Insel gezogen waren, sich jetzt menschlichen Siedlungen zu nähern. Das Ziel ihrer Unternehmung war erreicht, nach vielen Abenteuern zwar, aber mit heiler Haut.
Ein gastlicher Empfang würde ihnen recht sein.

12 DER VERRAT

Am Fuß der drei übereinanderliegenden Wasserfälle, die sich donnernd durch eine Spalte im Basaltfelsen in die Tiefe stürzten, lag das Langhaus, geschützt von einer herausragenden Felsspitze. Vor dem Haus zu beiden Seiten des schützenden Felsens, der den Nordwind abwehrte, erstreckte sich der Tún. Das Gras war saftig und frisch, das leicht abfallende Gelände hatte genügend Wasser, ohne den Boden zu sehr zu durchtränken. Denn die überflüssige Nässe lief in den See. Es war ein ausgesucht schöner Platz, von dem

Thorolf mit Recht gesagt haben würde: Es trieft Butter von jedem Grashalm.
Das Bauernhaus war aus Grassoden gebaut und hatte ein grasbedecktes Dach. Es bestand aus zwei Langhäusern von ungefähr fünfundvierzig und zwanzig Fuß, die an der Schmalseite aneinander gebaut und etwa fünfzehn Fuß breit waren. Es gab nur einen Eingang zum Meer hin. Auf der Rückseite des größten Langhauses standen rechtwinklig dazu zwei kleinere Gebäude auch mit Grassoden und Grasdach. Dahinter, etwas höher am Hang, standen drei kleine Häuschen mit Mauern aus Feldsteinen, deren Ritzen mit Erde angefüllt waren, vermutlich eine Schmiede, eine Unterkunft für die Knechte und ein Milchhaus. Am Seeufer lag, an den Tún angrenzend, ein Acker, auf dem Roggen und Gerste heranreiften. Auf der Wiese war ein rundes Becken von ungefähr zehn Fuß Durchmesser, aus dem Dampf aufstieg. Ein Pfad führte von dem runden Becken zu dem Hauseingang.
In der Ferne waren Männer damit beschäftigt, auf der Anhöhe das erste Gras des Engjars mit der Sense zu mähen. Obwohl der Tag schon fortgeschritten war, arbeiteten sie ununterbrochen in Reihen nebeneinander weiter. Auf einer abgesonderten Weide grasten Rinder und ein paar Pferde. Die Sonne war schon lange hinter den Bergen verschwunden, aber die Wärme des Tages war noch spürbar. Eine Frau trat durch die Tür des Langhauses nach draußen. Sie war noch sehr jung. An ihrer stattlichen Erscheinung erkannte man, daß sie etwas zu sagen hatte. Ihr stolzes Gesicht, die hohe Stirn und die gerade Nase deuteten darauf hin, daß sie zu befehlen gewohnt war. Das lange Haar wurde von einem farbigen Band zusammengehalten.
Sie ging an dem runden Becken vorbei zur Pferdeweide und sprang auf ein Reittier, womit sie im Galopp zum Engjar ritt.
Die Männer blickten auf, als sie das Pferdegetrappel nahen hörten. »Aufhören!« rief sie mit fröhlicher Stimme. »Ich habe das Essen fertig. Ihr könnt doch nicht die ganze Nacht durcharbeiten.«
Ohne eine Antwort abzuwarten, wendete sie ihr Pferd und ritt etwas vorsichtiger, als sie gekommen war, den Hügel hinab zum Haus zurück. Sie brachte das Pferd auf seine Weide, schloß sorgfältig die Umzäunung zum Tún und ging vor sich hin trällernd zum Haus bei den Felsen. Vermutlich hatte sie das Hufgetrappel durch das Rauschen des Wasserfalls nicht gehört. Sie erschrak, als die beiden Reiter mit dem Hund plötzlich vor ihr standen.

Trotzdem sah sie zuerst, wen sie vor sich hatte.
»Nein, so etwas, Olaf von Angia! Ist das Zufall?«
Olaf schoß das Blut in die Wangen, als er aus dem Sattel sprang und Helga Thorgrimsdottir herzlich begrüßte.
»Mein Begleiter und ich kommen aus dem hohen Norden, vom Eyjafjördur. Wir sind sieben Nächte durch das Innere der Insel geritten und sahen an der Farbe des Túns, daß hier ein Bauernhof sein mußte. Aber ich ahnte nicht, daß mir das Glück so hold war. Ich hoffe, daß wir auf Thorgrims Hof willkommen sind?«
Sie betrachtete Runolf prüfend von Kopf bis Fuß. »Das ist Runolf, mein Reisebegleiter.«
Sie schüttelte Runolf die Hand und strich Varou ohne zu zögern über den Kopf. »Ihr kommt gerade rechtzeitig zum Abendessen. Die Männer werden jeden Augenblick nach Hause kommen. Heute abend gibt es etwas Besonderes; der erste Tag der Heuernte muß gefeiert werden. Bei Frühlingsbeginn hat Einar einen Hai gefangen, den haben wir für zwei Monate eingegraben. Nun ist es vorzüglicher Skyrhákarl, wenn auch nicht so lecker wie Glerhákarl, aber wir haben eben noch keine Zeit gehabt, ihn ein Jahr lang zu trocknen. Ich glaube aber, daß es so auch gut schmeckt mit einem ordentlichen Becher Met dazu! Und heute habe ich sogar frischen Skyr.«
Als er die Stimmen hörte, trat Thorgrim der Mächtige aus dem Haus. Auch er begrüßte seine Gäste herzlich. Da die Männer noch auf dem Land waren, brachte Helga die beiden Pferde auf die Weide. Thorgrim lud sie ein, ins Haus zu kommen. Olaf fiel auf, daß er noch krummer ging, als im vergangenen Jahr bei ihrer Abreise vom Raumdalsfjord. Aber davon abgesehen, machte er einen lebhaften Eindruck. Sie folgten ihrem Gastgeber in die Skáli. Olaf stellte interessiert fest, daß diese Wohnung nicht ganz aus Birkenstämmen gemacht war, wie es am Eyjafjördur üblich war, obwohl das Langhaus drinnen genauso aussah wie die Häuser, die er kannte. Hier bestanden die Außenmauern aus Grassoden und Feldsteinen, denn innen waren die beiden Mauern und die beiden erhöhten Bänke entlang den Wänden aus Brettern. Das Langfeuer brannte. Der Rauch zog durch das Rauchloch im Dach ab. In der Mitte der Wand, die an der Seeseite aufgezogen war, stand Thorgrims Ehrensessel. Olaf wußte, daß er die Pfeiler, die Thor geweiht waren, vom Raumdahlsfjord mitgenommen hatte.
Thorgrim nötigte Olaf, gegenüber seinem eigenen Sessel auf dem

genauso schön verzierten Gästesessel unter dem Windauga Platz zu nehmen, Runolf setzte sich neben ihn. Man merkte deutlich, daß Thorgrim ein sehr reicher Bauer war. Ornolfs Hof und auch der Stigandis bestanden nur aus einem großen Raum, von dem der hinterste Teil mit Hilfe von senkrecht aufgestellten Steinen als Viehstall abgegrenzt war. In diesem einen großen Raum mußte auch alle Arbeit erledigt werden: Kochen, Weben und Milch verarbeiten. Bei Thorgrim war alles viel großzügiger angelegt. Am Ende der Skáli führte eine Tür zur Stofa, dem kleinen Langhaus, wo Helgas Webrahmen stand und wo sie auf dem Langfeuer das Abendessen zubereitete. Hinter dem Haus lagen die Wirtschaftsräume, und da war auch eine Unterkunft für die Knechte. Bei Ornolf schliefen die Knechte im Stallteil des Langhauses, was natürlich den Vorteil hatte, daß man nicht nur vom Feuer gewärmt wurde, sondern auch vom Vieh.

Nachdem Olaf und Runolf mit Thorgrim einen Willkommenstrunk zu sich genommen hatten, kamen die Männer vom Feld. Plötzlich war die Skáli voller müder, hungriger Kerle, neugieriger Männer, die erfreut waren, jemanden zu sehen, der von weither kam. Zuletzt kam Einar herein. Sein Gesicht wurde abweisend, als er Olaf erkannte, aber die Höflichkeit gebot, sich nicht merken zu lassen, daß er nicht erfreut war, den Mann wiederzusehen, der ihn bei einer Partie Glíma besiegt hatte.

Jeder wollte gern wissen, was Olaf von dem Vulkanausbruch zu berichten hatte; und das Abenteuer mit den Dieben im Lavafeld entlockte den Zuhörern viele Bemerkungen.

»Wir haben sehr hart gearbeitet, um den Bauernhof hinzustellen«, sagte Einar. »Darum hat niemand von uns bisher die Gelegenheit gehabt, das Landesinnere zu erkunden. Wir müssen natürlich wissen, was wir von dieser Seite zu erwarten haben; aber der Sommer ist nur vier Monate lang, und in diesen vier Monaten muß alles getan werden, um alle Menschen und Tiere der Siedlung einen ganzen Winter lang am Leben zu erhalten.«

»Du hast hier allerdings einen prächtigen Besitz geschaffen«, antwortete Olaf. Die Bewunderung, die aus seinen Worten sprach, tat Einar sichtlich gut. Helga und die Mägde brachten das Essen herein, das auf langen Tischen abgestellt wurde, vor denen Bänke standen. Es gab Nahrung im Überfluß. Aus einem riesigen Eisentopf, der an einer Kette über dem Feuer in der Stofa hing, schöpfte Helga die Teller der Männer mit einer kräftigen Fleischsuppe voll.

Danach kam der versprochene Skyrhákarl, wozu freigebig Met ausgeschenkt wurde, der dann auch nur bei festlichen Gelegenheiten so wie dem ersten Mähtag aufgetischt wurde. Olaf leckte seine Finger ab und verkündete lautstark, daß es ihm großartig schmeckte. Auch Runolf brachte das zum Ausdruck.
Am Schluß der Mahlzeit gab es den frischen Skyr, nicht Astrids Skyr, der den ganzen Winter über aufbewahrt worden war, sondern frisch zubereiteten Skyr, der natürlich viel besser schmeckte. Obendrein war das Gericht mit Honig gesüßt, den Helga aus der alten Heimat mitgenommen hatte. Sie war besonders sparsam damit, denn auf Island gibt es keine Bienen; aller Honig mußte von jetzt an eingeführt und deshalb arg teuer werden.
Thorgrim berichtete, was er seit seiner Landung auf Island erlebt hatte. Uni Gardarsson hatte es auf das Küstengebiet abgesehen, daß jetzt Unaós hieß. Sein Vater hatte es sehr gelobt. Anfangs hatte sich Thorgrims Familie ihm angeschlossen. Aber bald begriff der alte Mann, daß das bessere Land mehr landeinwärts lag, und er war mit Einar auf Erkundung ausgegangen, dem Lauf des Flusses folgend, bis sie diesen herrlichen Gletschersee mit seinen geschützten grünen Ufern entdeckt hatten. Sie hatten sich dort Land angeeignet, nicht auf dem Gebiet Uni des Dänen, sondern am gegenüberliegenden Ufer.
»Ich bin aus Norwegen fortgezogen, um frei zu sein«, sagte der alte Mann, wobei seine Stimme einen grimmigen Klang annahm. »Ich habe gemerkt, daß ein Bauer dann auch ganz allein irgendwo leben muß, nicht in einer Gruppe und ganz gewiß nicht in der Nähe von Uni Gardarsson.«
Das Gespräch behandelte danach die Schwierigkeiten bei der Ansiedlung. Viele dieser Schwierigkeiten hatte Olaf im Norden am Eyjafjördur auch gehabt. Dennoch gab es gewisse Unterschiede. Alles gegeneinander abwägend, kam Olaf dennoch zu dem Schluß, daß er dieses ausgezeichnete Land, wo die Sonnenwärme sicher durch die geschützte Lage des Gebietes viel mehr ausrichten konnte, wo das Korn besser reifte und der Winter weniger hart war, nicht gegen sein eigenes Land tauschen würde. Er war nun einmal viel zu sehr Seemann, um so weit von der See entfernt leben zu können. Auch wußte er, daß es für ihn im Norden bessere Möglichkeiten geben würde, auf Fisch- oder Vogelfang zu gehen und Handelsverbindungen mit seinem Knörr zu unterhalten, wenn er nur die Zeit dafür erübrigen konnte. Es war tatsächlich so, wie Einar

gesagt hatte: Man kann nur eine Sache zugleich tun, und das Arbeitsjahr dauerte eigentlich nur vier Monate.
Als die wichtigsten Neuigkeiten ausgetauscht worden waren, gingen alle zeitig schlafen. Die Männer waren todmüde und wußten, daß sie am folgenden Morgen wieder früh schaffen mußten.
»Ich spüre es in meinen Knochen, daß es morgen trocken bleibt«, hatte Thorgrim gesagt. »Ein trockener Tag in der Heuernte muß genutzt werden.«
Olaf und Runolf versicherten, daß sie den folgenden Tag noch bleiben und für die genossene Gastfreundschaft einen Tag auf Thorgrims Land arbeiten würden.
Den Gästen war in der Stofa ein Schlafplatz angewiesen worden. Runolf schlief sofort, nachdem er sich auf der Bank zusammengerollt hatte. Olaf lag noch geraume Zeit wach. Es war eben seltsam, wieder ein Dach überm Kopf zu wissen, nachdem man so lange draußen schlafen mußte. Das Feuer war ausgebrannt. Es schwelte noch etwas im Herd, es hing noch etwas Rauch im Raum, der nicht schnell genug durch das Rauchloch abziehen konnte. Olaf wurde beklommen zumute. Die Hände unter dem Kopf verschränkt lag er auf dem Rücken und blickte nach dem Loch in dem Dach, wodurch er ein kleines Stück vom Himmel sehen konnte. Vor seiner Bank auf dem Boden lag Varou. Er machte seltsame Schnarchgeräusche im Schlaf.
Irgend etwas stimmt hier nicht, dachte Olaf. Obwohl alles darauf hindeutet, daß Thorgrim der Mächtige hier einen großen Hof hingesetzt hat, obwohl er vielleicht das schönste Fleckchen von Island gefunden hat, spürt man eine gewisse Bedrohung, ist es, als ob etwas sehr Wichtiges nicht stimmt. Wie komme ich auf diesen Gedanken? Er versuchte, sich an alles zu erinnern, was an diesem Abend gesagt worden war. Irgend jemand hatte etwas gesagt, was ihn etwas beunruhigt hatte und er wußte nicht mehr was. Unruhig legte er sich auf die Seite, aber der Schlaf wollte nicht kommen. Morgen komme ich schon dahinter, dachte er, während der Arbeit auf dem Land oder bei den Mahlzeiten. Ich werde es schon herauskriegen. Es gibt da etwas . . .
Es war ein langer Tag mit vielen neuen Eindrücken gewesen. Olafs Müdigkeit siegte über seine Unruhe. Schließlich schlief auch er. Aber der Schlaf brachte keine Erquickung. Im Gegenteil – unruhig warf er sich von der linken auf die rechte Seite. Aus dem Dunkel tauchte ein bekanntes Gesicht vor ihm auf, hellblaue Augen starr-

ten ihn an. Die hohe Stirn, das kantige Kinn, der Mund, der einst viel gelacht hatte und dabei kräftige, regelmäßige Zähne zeigte, das alles war ihm vertraut. Aber der Gesichtsausdruck war anders. Der übermütige Frohsinn war gewichen. Aus den hellen Augen strahlte nicht mehr Lebensfreude. Sie starrten jetzt nur, ohne die Augenlider zu bewegen. Der Mund blieb eine harte, gerade Linie. So bewegungslos, so starr sah nur ein Toter aus. Wo war er diesem Mann schon früher begegnet? Auf einmal wußte er es. Es war am Raumdalsfjord beim Abschiedsfest von Geirmund gewesen. In Gedanken vernahm er nun auch die Stimme, die zu dem Mann gehörte: »Mein Vater hat alle zum Abschiedsessen eingeladen . . . «
Der fröhliche Riese war Grim, der älteste Sohn Geirmunds. Zuletzt hatte Olaf ihn noch einmal gesehen, als sich die drei Schiffe getrennt hatten, die im Fjord bei der Insel Papey Zuflucht gesucht hatten.

Olaf wurde es warm. Er warf noch im Schlaf die Decke von sich. Varou wurde wach, beschnüffelte seinen Herrn. Mit seiner großen Zunge leckte er die Hand, die von der Bank herunterging. Dadurch wurde Olaf wach. Er wischte das Haar aus seiner feuchten Stirn und setzte sich auf. Der Raum lag im Halbdunkel.

Was bedeutete es, daß er Grim Geirmundsson im Traum gesehen hatte? Grim war tot, dessen war er sich jetzt sicher. Abwesend strich er Varou über den Kopf. Er starrte auf den Lichtfleck, der durch das Windauga hereinfiel. Er wußte jetzt auch wieder, welche Bemerkung am Vortag eine vage Unruhe in ihm geweckt hatte. »Ich bin aus Norwegen fortgezogen, um frei zu sein«, hatte der alte Mann gesagt, und seine Stimme hatte dabei einen grimmigen Klang angenommen. Und dann: »Ein Bauer muß ganz allein irgendwo hausen, nicht in einer Gruppe und gewiß nicht in der Nähe von Uni Gardarsson.«

In der Skáli erklangen leichte Schritte, die sich der Tür zur Stofa näherten. Die Tür öffnete sich leise. Helga steckte den Kopf um die Ecke. Sie sah, daß er wach war, und kam herein. Flüsternd, um Runolf nicht zu wecken, sagte sie: »Ich muß das Frühstück für die Männer fertigmachen. Du kannst aber noch etwas liegenbleiben, wenn du willst.«

Das war für ihn die Gelegenheit, Helga unter vier Augen zu sprechen. Es war nicht seine Gewohnheit, lang Umschweife zu machen. Er fiel mit der Tür ins Haus.

»Helga, was ist mit Grim Geirmundsson geschehen?«

Helga hatte die große Kiste in der Ecke des Raumes geöffnet und holte einige große, runde, knusprige Brote heraus, die sie in Stücke schnitt. Sie tat es ruhig, ohne Hast, erst als sie das dritte Brot geschnitten hatte, drehte sie sich nach Olaf um.

»Grim Geirmundsson ist tot.«

»Ich wußte es«, sagte Olaf leise. Geraume Zeit sprach keiner ein Wort. Helga legte die Brotstücke auf eine Schale, bückte sich und nahm einen großen Topf Gerstengrütze aus der Kiste. Sie ging aus der Stofa hinaus und kam kurz darauf mit einer großen Schüssel Milch zurück. Ohne Eile zündete sie das Feuer im Herd an, hing einen Kessel an einem eisernen Dreifuß darüber und begann, die Milch zu kochen. Danach schöpfte sie eine gewisse Menge Grütze in die Milch und fing an, alles zu einem dicken Brei zu verrühren. Der Junge auf der Bank unter der Windauga schlief noch wie ein Murmeltier.

Olaf wartete, bis Helga von selbst zu sprechen anfing.

»Grim und Thorkel sind nicht ganz nach Ingolfshöfdi gezogen, wie sie es anfangs vorhatten . . . Sie fuhren an der Küste entlang nach Süden und blieben an einem Fjord hängen, den sie Hornafjördur nannten. Dort haben sie im vorigen Sommer ein Langhaus gebaut.«

Die Geräusche in den Nebengebäuden zeigten Olaf an, daß die Männer erwachten. Eil dich, dachte er. Gleich kommen die anderen herein. Es war, als ob Helga spürte, was er dachte. Sie fing auf einmal an, schneller zu sprechen, immer in dem Brei rührend.

»Grim besuchte noch spät im Herbst mit seinem Schiff Unis Siedlung. Er trieb dort mit den Leuten etwas Tauschhandel. Dabei kam es damals zu einem Streit. Grim hatte eigentlich damit nichts zu tun; die Männer Unis waren sich nicht einig. Bjorn, einer von ihnen, trank an einem Abend zuviel Met. Er wurde unvorsichtig. Er beschuldigte Aslak den Schlauen, den Vertrauensmann von Uni dem Dänen, des Verrats. Darüber wurde Aslak rasend. Bei dem Kampf, zu dem es danach kam, erschlug er Bjorn, der schon nicht mehr aufrecht stehen konnte. Bjorn war ein Familienmitglied von Grim . . . « Sie schwieg und rührte erbost in dem Brei. Aus der Skáli erklangen ungeduldige Stimmen. »Wo bleibt der Gerstenbrei, Helga? Beeil dich, die Sonne steht schon hoch, es ist schon fast Abend . . . «

Sie schöpfte eine Schüssel mit Brei voll, ergriff einen hölzernen

Löffel aus der Kiste und stieß mit einem Fuß die Tür zur Skáli auf. »Wer am lautesten schreit, wird zuletzt bedient«, rief sie. Runolf war jetzt auch wach geworden. Olaf sah keine Gelegenheit, jetzt mehr zu erfahren und wartete mit den anderen in der Skáli auf sein Frühstück. Während die Männer den Brei aßen, verteilte Helga Gerstenbrotstücke als Mundvorrat für den Tag. Jedermann hatte es eilig. »Die Wassersäcke, hast du die Wassersäcke noch nicht gefüllt?«
»Geht ihr schon mal, Runolf und Olaf nehmen die Wassersäcke schon mit.«
Einer nach dem andern verschwand. Olaf hatte kurz Gelegenheit, Helga wieder allein zu sprechen. Während sie Wasser schöpften und in die großen Beutel aus Ziegenleder schütteten, drängte er: »Was ist mit Grim geschehen?«
»Ach«, sagte sie, »das verstehst du doch. Er hatte damit eigentlich nichts zu tun. Aber Bjorn hatte keine Brüder, er war ein Familienangehöriger von Grim. Grim mußte ihn natürlich rächen. Einen Tag nach Bjorns Tod hat er Aslak während eines Holmganges getötet. Er fuhr zum Hornafjördur zurück, aber während er bei Frühlingsbeginn seinen Tún pflügte, wurde er auf seinem eigenen Land von einem Neffen Aslaks überfallen. Er konnte sich nicht mehr verteidigen, denn er wurde in den Rücken geschossen.«
Olaf wollte etwas sagen, aber er schluckte die Antwort hinunter. Helga band die Säcke zu und reichte sie ihm. Sie trocknete die Hände an ihrem Rock ab, zögerte kurz. »Das Furchtbarste ist noch – der Mann, der Grim tötete, war ein alter Kamerad von ihm.«
»Alle Götter«, sagte er. »Sein eigener Kamerad!«
Sie nickte. »Die Treue zur Sippe geht über Freundestreue.«
»Und jetzt muß Thorkel wieder . . . «
»Ja. Man kann sich den Verpflichtungen seiner Familie gegenüber nicht entziehen. Ich denke, daß Thorkel zunächst versuchen wird, seine Heuernte reinzubringen, denn er muß nun zwei Familien unterhalten, und es ist im Winter in Island für eine Familie schon schwer genug.«
Sie waren zum Langhaus zurückgegangen. Helga holte zwei Sensen aus der Scheune. »Hier, es sind leider nicht die besten, aber wenn du sie bei der Arbeit ein paarmal beischleifst, sind sie zu gebrauchen. Bis heute abend!«
Sie stiegen auf den Hügel bis zu der Stelle, wo die Männer von

Thorgrim am Werk waren. Auf halbem Wege sah sich Olaf noch einmal um. Helga war im Haus verschwunden.
Es war ein strahlender Tag, sonnig und fast windstill. Die Männer arbeiteten in Reihen. Sie mähten das lange Gras, das von den Jungen und Frauen mit Heugabeln fortwährend gewendet wurde, damit es möglichst gleichmäßig trocknete. In der Heuzeit ist ein Sonnentag ein wahrer Segen. Er mußte genutzt werden. Bald konnte es wieder regnen.
Während der Arbeit blickte Olaf auf das friedliche Tal des Lagarfljóts. Es sah alles so ruhig, so blühend, so freundlich aus. Was konnten die Siedler in diesem Gebiet nicht alles erreichen? Wenn es nicht soweit vom Meer entfernt liegen würde, würde er hier selbst gern wohnen. Aber in diesem friedlichen Tal wütete die Blutrache wie eine Schneelawine, die größer und größer wurde, die man nicht aufhalten konnte, die weiter rollte und alles, was ihr auf ihrem Weg entgegenkam, zerschmetterte. Während er immer schneller weiterarbeitete, um vor Thorgrims Männern nicht zurückzustehen, ging ihm eine Frage im Kopf herum, die stets wiederkehrte, die sich aufdrängte, die zur Besessenheit wurde: Fragt denn niemand, wer bei einem Streitfall die Schuld hat? Gibt es denn gar keine Möglichkeit, von einem Richter ein Urteil fällen zu lassen? Kann es einfach so weitergehen, daß ein Volk tapferer, rechtschaffener, hart arbeitender Bauern, die für ihre Freiheit alles andere opferten, durch den Zwang und die Gewaltherrschaft der Blutrache vernichtet wurde? Was würde geschehen, wenn sich Thorkel rächen und den Kampf verlieren würde?
Als er das mitgenommene Brot während einer kurzen Atempause etwa in der Mitte des Tages aufaß, nahm er an dem regen Gespräch der anderen Männer nicht teil. Fortwährend kreisten seine Gedanken um die alles beherrschende Frage: Wie kann man die Blutrache beenden, ohne der Sippe untreu zu werden? Sie hatten sich doch alle einem Godi angeschlossen, sich freiwillig um einen Priester-Hauptmann geschart, der bei allem, was vorkam, Recht sprechen konnte? Warum wurde das dann hier nicht gemacht? Warum ging niemand zu Uni dem Dänen, der doch Godi für das Gebiet war, wo der erste Totschlag geschehen war?
Dann erinnerte er sich Thorgrims grimmiger Worte: » . . . und gewiß nicht in der Nähe von Uni Gardarsson.« Ich muß wissen, was sonst noch nicht in Ordnung ist, dachte Olaf. Wir müssen nach Hause, denn nach acht Nächten ist es sicher Zeit, am Eyjafjördur

mit dem Heuen zu beginnen. Aber ich muß hier noch einen Tag bleiben. Ich muß wissen, was los ist, denn ein Mann, der vorgewarnt ist, zählt doppelt.
Er wetzte seine Sense, spuckte in die Hände und arbeitete weiter. Und inzwischen versuchte er, einen Grund zu finden, um noch einen Tag auf dem Hof bleiben zu können.
Es ging leichter, als er gedacht hatte. An diesem Abend fanden sie bei ihrer Rückkehr vom Engjar den alten Thorgrim nackt in dem runden, dampfenden Becken im Tún. Einer der Knechte sah Olafs erstauntes Gesicht und sagte: »Der Bauer benutzt das Becken als Laug; das heiße Wasser, das hier aus dem Boden austritt, hat heilende Wirkung. Es hilft ihm sehr gegen seine Gicht. Darum haben wir das Bad für ihn angelegt und eine Zuleitung für das kalte Gebirgswasser gemacht, damit es nicht zu heiß für ihn wird.«
Stöhnend kam Thorgrim aus seinem Bad. Er humpelte zur Skáli und klagte Helga sein Leid. »Heute habe ich durch die verflixten Schmerzen fast nichts tun können. Die Stekkur muß dringend gebaut werden, wer soll es tun, wenn ich es nicht kann? Einar kann beim Heuen niemanden entbehren.«
»Dann wird die Stekkur eben etwas später fertig«, meinte Helga. »Die Lämmer müssen unbedingt von den Müttern getrennt werden. Sie sind schon fast einen Mond alt.«
Olaf erkannte die Gelegenheit.
»Ich bleibe noch einen Tag hier. Dann kann Runolf morgen wieder beim Heuen helfen, und ich baue inzwischen die Stekkur für dich.«
Er dachte bei sich: Dann bleibe ich in der Nähe des Langhauses und kann versuchen, mehr von Helga zu erfahren.
Der alte Thorgrim nahm sein Angebot dankbar an. »Du bist ein nützlicher Gast, Olaf Sigurdsson. Jede Hand ist augenblicklich willkommen.« Brummend rieb er seine von der Gicht gekrümmten Glieder. »Was ist übriggeblieben von Thorgrim dem Mächtigen? Ein gebeugtes Wrack, das nicht einmal eine Stekkur bauen kann, wenn es die Gicht plagt.«
Beim wieder überreichlichen Abendessen, nur diesmal ohne Hai, stellte Olaf die Frage, die ihn vom ersten Augenblick an beschäftigte, als er Thorgrims Hof betreten hatte.
»Warum ist das Langhaus hier aus Steinen und Grassoden gebaut und innen mit Holz verkleidet? Bei uns am Eyjafjördur sind alle Häuser als Blockhütte aus Birkenstämmen gemacht. Ihr habt hier doch am anderen Ufer auch einen Birkenwald?«

»Ist euch im Norden denn nicht aufgefallen, daß die Birken nicht besonders gut zum Hausbau geeignet sind?« Es klang scharf, unnötig scharf, aber Einar traf den Nagel auf den Kopf. Ohne Olafs Antwort abzuwarten, fuhr er fort: »Obendrein, Mann von Angia, ist es sehr gescheit, das wenige Holz, das wir hier in unserm Gebiet haben, zu schonen. Wenn jeder nach der Art und Weise, wie er es aus seiner Heimat gewohnt ist, Häuser baut und jeder Holz schlägt und Feuer schürt, dann sitzen wir in gar nicht allzu langer Zeit auf einer baumlosen Insel. Wir müssen jetzt doch schon jedes bißchen Holz für den Schiffsbau einführen. Hast du dir schon einmal überlegt, was das kostet?«
Zum ersten Mal begegnete Olaf einem Mann, der sich auch Sorgen um Islands Baumbestand machte. Einar war nicht dumm. Er hatte die Gefahr der Abholzung erkannt; er war vorausschauend und dachte nicht nur an die augenblicklichen Sorgen. Aber die Art und Weise, wie er sich äußerte, war feindlich. Mit diesem Gast sprach er nicht über Schwierigkeiten; er versuchte, ihn herabzusetzen. So war Einar, ein Mann mit Verstand, aber ein Streithahn.
Olaf hatte nicht die Absicht, sich von ihm in einen Streit verwickeln zu lassen. Er beachtete Einar nicht weiter und sprach mit Thorgrim über die neue Bauweise, wobei der am Platze vorhandene Baustoff und ganz wenig Birkenholz gebraucht wurde. Ohne Holz war menschliches Zusammenleben undenkbar.
Thorgrim sprach jetzt aus, was Olaf schon verschiedene Male erwogen hatte: »So weit vom Meer entfernt zu wohnen, hat natürlich Nachteile.« Der Alte war ein erfahrener Seemann. Auch er vermißte die unmittelbare Nähe des Ozeans. »Ihr dort, am Eyjafjördur, könnt wenigstens noch das Treibholz nutzen. Und ihr könnt Seevögel jagen, Alken und Lundis, deren Haut und Überreste man als Brennstoff brauchen kann. Es stinkt zwar, aber man spart das kostbare Holz damit.«
Als die Männer schlafen gingen, ging Olaf mit Varou noch kurz zur Pferdeweide, um zu sehen, ob dort alles in Ordnung war. Lange Zeit stand er am Ufer des Lagarfljóts und dachte über alles nach, was ihn bedrückte. Der See glitzerte im Sommerabendlicht. Das Geräusch des Hengifoss, der hängenden Wasserfälle, war im Augenblick nicht zu hören, da ein ziemlich starker Wind aus der anderen Richtung kam.
»Es haust ein Ungeheuer im See.«
Mit einem Ruck drehte sich Olaf um, als er die Stimme vernahm.

Er hatte Helga nicht kommen hören. Sie lachte. »Wirklich, es haust ein Ungeheuer im See, aber es tut uns nichts.« Wieder strich sie Varou über den Kopf. »Was hast du doch für einen prächtigen Hund, Olaf Sigurdsson. Ich wollte, daß ich hier einen solchen Wächter hätte.«
»Warum? Bedroht dich jemand?«
Sie wich seiner gezielten Frage aus. »Wenn die Männer auf dem Land sind, bin ich oft mit den Mägden und meinem alten Vater allein auf dem Hof. Man kann nie wissen, ob in den Bergen nicht noch mehr Diebe wohnen. Du bist doch selbst einigen begegnet.« Und plötzlich von etwas ganz anderem redend: »Du mußt den feindlichen Ton von Einar nicht ernst nehmen. Er sucht einfach immer Streit.«
»Warum, ich habe ihm doch keinen Stein in den Weg gelegt?«
»Wenn du es recht bedenkst, hast du ihm schon einiges angetan. Zuerst hatte sich Einar mit Ornolf zusammentun wollen. Du bist ihm zuvorgekommen, das ist für einen Mann wie Einar schwer zu verdauen. Und dann hast du ihn noch beim Glíma besiegt. Es gibt nicht viele, die das von sich behaupten können. Ich denke mir, daß er in dir jemanden sieht, den er nicht so einfach beherrschen kann. Obendrein ist er furchtbar schlecht gelaunt, weil ich ihm etwas abgeschlagen habe.«
Olaf sah sie an, fragte aber nichts weiter. Auch ohne seine Aufforderung würde sie ihm alles erklären. Er brauchte nicht lange darauf zu warten.
»Bruder Einar würde sich sehr freuen, wenn ich auf den Heiratsantrag von Godi Sigmund eingehen würde. Er kommt aus einem angesehenen Geschlecht und hat einen Tempel für Freyr gebaut. Er wohnt am Nordende des Lagarfljóts. Eine solche Verbindung würde beiden Familien sehr nützen.«
Sie stand dort am Seeufer, die Nase dem Wind entgegengereckt, und wußte nicht, daß sie besonders herausfordernd wirkte. Ihr Haar wirbelte um ihre Gestalt.
»Und warum hast du den durchaus ehrenvollen Antrag abgelehnt?«
In dem fahlen Licht konnte er deutlich sehen, daß sie errötete.
»Helga Thorgrimsdottir heiratet nur den Mann, den sie selbst will, und nicht, um ihrem Bruder einen Gefallen zu tun.«
Sie drehte sich um. Ohne ein weiteres Wort an ihn zu richten, ging sie auf das Haus zu. Langsam folgte er, sich seiner Ungeschicklich-

keit voll bewußt. Er wollte noch etwas sagen – konnte das rechte Wort nicht finden und ließ die Gelegenheit verstreichen.

Eine Stekkur zu bauen, ist nicht schwierig, kostet aber Kräfte. Olaf war schon früh damit zugange. Auf den Höfen in ihrer Heimat war es üblich, einen steinernen Wall zu erbauen, darin wurden zwei getrennte Räume von Feldsteinen gemacht, die durch eine enge Öffnung in der Zwischenmauer miteinander verbunden waren. Abends wurden dann die Mutterschafe mit den Lämmern in den größten Raum getrieben, die Jungtiere wurden in den kleinsten Raum gebracht und dort eingeschlossen, indem man einen Stein vor die einzige Öffnung legte. Erst wenn am folgenden Morgen alle Mutterschafe gemolken waren, wurden die Lämmer wieder zu ihnen gelassen. Auf dem großen Bauernhof wurde viel Milch gebraucht, darum mußte man sehr darauf achten, daß die Lämmer so schnell wie möglich selbständig wurden, wonach man sie in die Berge schicken konnte. Die Menschen konnten die Milch der Mutterschafe nicht entbehren.
Als der Tag halb herum war und die Sonne am heißesten brannte, brachte Helga ihm etwas zu essen.
Prüfend betrachtete sie sein Werk.
»Du bist vielleicht noch vor dem Abend damit fertig.«
»Genau das möchte ich.«
Sie setzte sich auf ein Mäuerchen.
Er legte einen großen flachen Stein auf die Umzäunung, wischte den Dreck von seinen Händen und ergriff hungrig ein Stück Brot. Jetzt mußte er sie fragen, was er noch von ihr wissen wollte – morgen würde es zu spät sein.
Er schluckte ein Stück Brot hinunter, nahm einen Schluck Gerstenbier aus dem Krug, den sie mitgebracht hatte. »Helga, warum nannte Bjorn Aslak einen Verräter? Worum ging es eigentlich?«
Sie bemühte sich nicht, eine ausweichende Antwort zu geben. Sie sah ihm gerade in die Augen und sagte: »Weil Aslak ein Verräter war.«
»Was meinst du damit?«
»Aslak der Schlaue hat auf Befehl von Uni dem Dänen Verbindung zu Harald Schönhaar gesucht.«
Er sah sie entsetzt an. »Zu Harald Schönhaar? Warum?«
»Gardar Svávarsson war der erste, der ganz Island umsegelte und darum wußte, daß es eine Insel war. Er hat damals dem Land sei-

nen eigenen Namen gegeben: Gardarsholm, und er fand, daß er deshalb ein Anrecht darauf hatte, ein Anrecht auf Island. Sein Sohn Uni bildete sich das auch ein. Hier auf Island sind wir aber alle gleich. Wir sind alle freie Bauern, niemandes Untertan. Wenn wir einen Godi wählen, geschieht das auf freiwilliger Basis. Wir sind nicht die Untertanen des Godi, wir achten nur bei bestimmten Geschehnissen seinen Urteilsspruch, wir bezahlen den Tempel mit, den er unterhält. Das ist etwas ganz anderes, als das, was Uni will.«
Langsam dämmerte es Olaf, daß in dem Land, wohin sie alle ausgewichen waren, um alle frei und gleich zu sein, schon Machtprobleme eine Rolle spielten.
Der Wind rauschte durch das lange Gras. Hier bei der Stekkur war das Geräusch des Hengifoss deutlich zu hören. Olaf vergaß, weiter zu essen.
»Was will Uni der Däne denn?«
»Anscheinend hat er mit Harald Schönhaar abgesprochen, daß er ganz Island unter seine Macht bringen soll. Zur Belohnung wird ihn der König zum Jarl ernennen. Aslak der Schlaue mußte mit Harald verhandeln. Eines Tages hörte Bjorn ein Gespräch zwischen Uni und Aslak, worin das zur Sprache kam. Er war wütend. Er hat mit anderen Bauern darüber gesprochen. Aber er konnte nichts beweisen. Als er zuviel Met getrunken hatte, vergaß er alle Vorsicht und beschuldigte Aslak, wo jeder dabei war. Du siehst, was daraus entstanden ist.«
»Sie haben nicht die geringste Chance«, sagte Olaf mit Überzeugung. »Überleg einmal! Die am meisten freiheitsliebenden Bauern sind deshalb nach Island gezogen, um frei zu sein. Sie unterwerfen sich sicher nicht Uni dem Dänen. Er muß ganz und gar verrückt sein!«
»Wir können trotzdem große Schwierigkeiten bekommen, Schwierigkeiten und Unruhe. Und damit ist niemandem gedient. Die Blutrache ist schon nicht mehr aufzuhalten.«
Das war es also! Sie würden Uni den Dänen über die Schuldfrage beim Tod von Bjorn kein Urteil fällen lassen, er hatte ihn selbst angestiftet. Die Wikinger konnten Uni dem Dänen nicht vertrauen! Schon drei Männer waren Opfer seiner Ränke geworden. Wie viele würden noch folgen?
»Helga«, sagte Olaf, »sorge dafür, daß ihr nicht auch in die Lawine der Blutrache geratet! Laß eueren Besitz hier nicht zugrunde gehen!«

Sie sah ihn ernst an. Der Frohsinn war aus ihrem Gesicht gewichen. Sie schien plötzlich um Jahre gealtert.
»Du kennst Einar, Olaf von Angia. Die Möglichkeit, daß er darin verwickelt wird, ist groß. Zum Glück sind noch keine Familienangehörigen von uns betroffen, aber das kann jeden Augenblick geschehen, und dann kann ich das Schicksal nicht aufhalten.«
Sie hob den leeren Krug auf, klopfte den Staub von ihrem Rock ab und kehrte zu ihrer Arbeit zurück.
Olaf schaffte an diesem Tag wie ein Besessener an der Stekkur. Als die Männer von der Engjar zurückkamen, war er fertig. In dieser Nacht blökten die Lämmer in der Stekkur vergebens nach ihrer Mutter.

Regen – Regen, der die Sandwüste in einen grauen Brei verwandelte. Morgennebel verbargen die blauen Berge vor den Augen und vermittelten den Reitern das Gefühl, die einzigen Lebewesen in einem unendlichen Spukland zu sein. Ab und zu ein aus dem Nebel auftauchender dunkler Steinhaufen – wie ein Troll in der Nacht.
Durchweichte Kleider, nirgends Schutz, kalter Wind. Die Männer schwiegen. Vor Kälte erstarrt und düster gestimmt, versuchten sie in der grauen Nacht etwas auszuruhen, während sie abwechselnd wachten. Kein Feuer, um die durchweichten Sachen zu trocknen, keine warme Mahlzeit, um ihren Hunger zu stillen.
Ab und zu versuchte Olaf, die gedrückte Stimmung mit einer Bemerkung zu heben. »Wenn es hier regnet, scheint beim Myvatn die Sonne.« Er bekam keine Antwort.
Einen halben Tagesritt später: »Thorolf Butter hat offensichtlich das Innere der Insel niemals erkundet.« Stille.
Dann nicht, dachte Olaf. Der Junge ist müde. Es ist auch ein Mordunternehmen für ein Kind von zwölf Jahren. Wenn die Sonne erst einmal durchkommt, dann taut er schon wieder auf.
Über dem Myvatn schien tatsächlich die Sonne. Es war schön und friedlich. Sie rasteten kurze Zeit. »Wir sind zu lange beim Lagarfljót geblieben und müssen jetzt weiterreiten. Es ist höchste Zeit zum Heuen!«
Lustlos breitete Runolf seinen Mantel im Gras aus, um ihn trocknen zu lassen, während Olaf ein Feuerchen machte und versuchte, eine Lachsforelle zuzubereiten. Der Fisch schmeckte ausgezeichnet. Der Junge schwieg immer noch.

»Was fehlt dir? Bist du krank?«
Runolf schüttelte den Kopf. Dann sah er Olaf geradewegs in die Augen. Man sah seinem Gesicht eine große Enttäuschung an.
»Du hast einen Bär getötet, Olaf Sigurdsson, aber du läßt dich von einem Mann beleidigen, ohne ihm über den Mund zu fahren.«
Es war heraus und machte ihm das Herz leichter. Aber auf dem Kindergesicht war die Entzauberung so deutlich zu lesen, daß es Olaf wie ein Faustschlag traf. Durch diese eine Bemerkung wurde ihm alles klar. Der Junge hatte ihn bewundert. Er war gewaltig stolz gewesen, als Olaf ihn mit auf Erkundungsfahrt ins Landesinnere nahm. Das Abenteuer in der gelben Wüste, Olafs Geistesgegenwart bei dem Wirbelsturm, das alles hatte dazu beigetragen, daß er in Olaf ein Vorbild gesehen hatte – einen Mann, wie er selbst einer werden wollte. Dieses wunderbare Bild war mit einem Schlag zerstört worden, weil Olaf etwas getan hatte, was Runolf nicht begriff.
»Ich habe dir schon öfter gesagt, Runolf, daß ein Mann seinen Verstand gebrauchen muß. Ich bin auf Einars Herausforderung nicht eingegangen, weil ich meine, daß es Wahnsinn ist, ein gutes Pferd in einem sinnlosen Pferderennen aufs Spiel zu setzen. Ich bin ein Pferdefreund. Ich mache bei dieser Art Zeitvertreib nicht mit.«
Glasklar sah Runolf wieder vor sich, was am letzten Abend am Lagarfljót geschehen war, wie Einar Olaf herausgefordert hatte: »Dein Pferd gegen meins. Ich habe schon lange keinen Pferdekampf mitgemacht.« Olafs Weigerung: »Du schonst den Baumbestand, Einar Thorgrimsson – um so mehr wirst du die Pferde schonen müssen. Was fängt ein Bauer auf Island ohne die Hilfe seiner Pferde an?«
Einar war gereizt. Er war klug genug, um zu wissen, daß Olaf recht hatte, aber er würde es niemals zugeben. Im Gegenteil, er hob seine Stimmung rasch durch eine Beleidigung: »Es wäre auch ein ungleicher Wettkampf. Man sieht schon so, daß dein Pferd keinen Schneid hat. Das Sprichwort sagt übrigens ganz treffend: Wie der Herr, so das Pferd.«
Und in diesem Augenblick, fand der zwölfjährige Hitzkopf Runolf, hätte sein so sehr bewunderter Freund nur eins tun können, Einar den Fechter mit dem großen Mund niederzuschlagen. Olaf hatte nur mit den Achseln gezuckt und war weggegangen. Runolf blieb wie an den Boden genagelt stehen und schämte sich, schämte sich wegen der ehrlosen Haltung von Olaf dem Bärentöter. Hatte er

sich denn so geirrt? War Olaf feige? Das war doch nicht möglich! Ein Mann, der einen Bären tötete, war doch nicht feige. Aber warum hatte er diese Beleidigung eingesteckt.
Olafs Stimme, ziemlich kurz angebunden, durchbrach seine Gedanken.
»Mut ist nötig, um heilige Dinge wie Ehre und Treue zu verteidigen. Wer aber Mut braucht, um vollkommen unnötige Dinge durchzufechten, zeigt, daß er zu wenig Verstand hat.«
»Wenn du die Beleidigungen von Einar schluckst, wenn du dagegen nichts unternimmst, wenn ... wenn du dich einen Feigling nennen läßt, dann achtet dich niemand mehr ... «
Olafs Gesicht straffte sich. Seine Augen blickten kalt, und sein Mund verzog sich zu einer geraden Linie.
»Was andere von mir denken, Runolf, ist mir ganz gleich.«
Der Junge schluckte, wollte etwas sagen, schwieg aber lieber. Begriff Olaf denn nicht, daß sie ihn hinter seinem Rücken auslachten? Daß sie ihn für einen Schwächling halten und verachten würden? Runolf war eher zum Weinen als zum Lachen zumute. Denn ihm war es nicht gleich, was die Leute von seinem Freund dachten. Er konnte es nicht ertragen, daß sie über ihn redeten, und wenn jemand in seinem Beisein Olaf von Angia einen Feigling nennen würde, würde ihn Runolf verteidigen.
Sie stiegen auf. Das letzte Stück ihrer Erkundungsfahrt lag vor ihnen. Sie mußten Bardardalur vor der Nacht erreichen, dann waren sie am nächsten Abend zu Hause. Olaf war auch nicht mehr guter Laune. Er wußte, daß das, was der Junge gesagt hatte, viel Wahrheit enthielt. Auch wußte er, daß was er selbst gesagt hatte – was andere von mir denken, ist mir ganz gleich – nicht ganz stimmte. Im großen und ganzen stimmte es zwar. Er hatte schon jung gelernt, sich nicht von der Meinung der dummen Masse beeindrucken zu lassen, von denen, die ohne die Hintergründe zu kennen, jemanden leichtfertig be- und verurteilten. Aber es gab Menschen, deren Meinung ihm nicht gleichgültig war. Es waren nicht viele. Er konnte sie an den Fingern einer Hand abzählen, und sie wohnten nicht einmal am Eyjafjördur, sondern weit weg auf Angia und ... ja auch am Lagarfljót.
Als ihm das klar wurde, wünschte sich Olaf zu dem Mann, der ihn in seiner Jugend geleitet hatte, dem einzigen Mann, dem er eine solche Frage vorlegen konnte. Aber dieser Mann war weit weg und vorläufig für ihn unerreichbar. Olaf Sigurdsson würde allein her-

ausfinden müssen, was »das Gute« war. Und er würde die Verantwortung für seine Taten allein tragen müssen, er konnte sie nicht mit Gleichgesinnten oder Sippenangehörigen teilen, er konnte sie nicht auf von Geschlecht zu Geschlecht überlieferte Gesetze abwälzen. Die Erkundungsfahrt durch den Osten Islands hatte viele Fragen beantwortet. Es hatten sich auch neue Fragen ergeben – auf die würde Olaf Sigurdsson selbst eine Antwort finden müssen.

13 DAS RECHT DES ANDERN

Der Sommer ließ einem kaum Zeit zum Atemholen. Während Olaf fort war, hatte Astrid eine Tochter bekommen. Das Kind wurde von Ornolf mit Wasser besprenkelt und hatte seinen Namen erhalten, so wie es schon bei den Vorfahren üblich war.
Die drei Kinder auf Ornolfs Hof machten Astrid viel Arbeit. Dazu kam noch, daß sie große Mengen Wolle verarbeiten mußte. Solange es noch einigermaßen hell im Langhaus war, saß sie am Webrahmen und machte Vádmál, um damit demnächst zu handeln. Die Männer arbeiteten auf dem Land, holten das Heu herein, wenn es das Wetter eben erlaubte, teilten die übrige Zeit zwischen Fischen und Handeln auf. Viele Händler aus Norwegen, von den Hebriden, von den Shetlandinseln, den Orkaden und von den Färöern liefen isländische Häfen an, tauschten Neuigkeiten aus, sorgten für reges Leben. Die meisten Boote blieben an der Mündung des Eyjafjördur liegen, Hrisey gegenüber. Stigandi schaffte Tag und Nacht und machte gute Geschäfte. Es war, als ob die langen, hellen Sommertage ein Fenster zur Welt öffneten. Es wäre angenehm gewesen, mit den Männern von Übersee lange Gespräche zu führen, aber man hatte immer zu wenig Zeit. Die Siedler, die den harten Winter auf Island kennengelernt hatten, wußten jetzt aus eigener Erfahrung, was sie im folgenden Winter bitter nötig haben würden, und sie deckten sich damit ein, indem sie mit den Erzeugnissen des isländischen Bodens bezahlten: Wolle, Seehunds- und Walroßfelle, Fisch, aber besonders Vádmál, der von den Händlern teuer bezahlt wurde. Olaf und Ornolf holten auch das Heu von Olafs Land auf der anderen Fjordseite. Während des Winters, wenn es auf dem Land und auf dem Meer nichts zu tun gab, würde er in der kurzen

Zeit, die es mittags hell genug war, jeden Tag an seinem Langhaus bauen, damit es im Frühjahr fertig war. Sobald der Fjord eisfrei war, würde er sich zu seiner ersten Handelsreise nach Angia einschiffen.

Eines Tages legte ein mit Lämmern beladenes Boot bei Kristnes an, das von Kvivik auf den Färöerinseln kam. Helgi kaufte Lämmer, um seine Herde rasch aufzufüllen, und auch Olaf kaufte Schafe, die er auf seiner eigenen Engjar aussetzte.

»He«, rief der fremde Kaufmann, als er sah, wie Olaf die Tiere in dem Boot, das er auf Papey gefunden hatte, auf die gegenüberliegende Seite des Fjords bringen wollte, »woher hast du das Currach?«

»Das haben die Patres auf Island zurückgelassen, Mann von Kvivik«, sagte Olaf. »Kennst du diese Bootsart?«

»Sie lassen immer Boote und Schafe zurück, wenn wir herankommen! Und ich fuhr deshalb zu den Färöerinseln, weil man mir gesagt hatte, daß diese Inseln unbewohnt wären.«

Das war es, was die Inseln im Norden des Ozeans für die Siedler so anziehend machte, daß sie unbewohnt waren. Aber die Patres waren doch dagewesen auf den Färöerinseln und auf Island. »Ich halte nichts davon, Land in Besitz zu nehmen, von dem ich erst andere Bewohner vertreiben muß«, sagte der Mann von Kvivik. Er gehörte sicherlich zu einem ruhigen Menschenschlag und war nicht unnötig auf Streit aus. »Allerdings kann man die Patres nicht zur gewöhnlichen Bevölkerung rechnen. Es sind immer nur einzelne, und sie flüchten, sobald sie ein Langschiff näher kommen sehen. Mir ist das schon lieb so – ihre Boote sind ausgezeichnet und ihre Schafe bildeten den Grundstock meiner großen Herde. Bald habt ihr hier auf Island auch genug Vieh. Anfangs muß man alles einführen ... nun kann ich noch gute Geschäfte machen. In drei, vier Jahren wollt ihr von mir kein Lamm mehr haben.«

Er hatte sich auf den Rand seines Bootes gesetzt, holte ein kleines, scharfes Messer zum Vorschein und fing an, ein Stückchen Holz zu bearbeiten. Olaf war müde. Er hatte an diesem Tag hart gearbeitet und sehnte sich nach Schlaf. Er ließ sich aber die Gelegenheit nicht entgehen, mit einem Fremden Gedanken auszutauschen, der über eine Gegend berichten konnte, die er noch nicht kannte.

»Es ist ein hartes Leben auf den Färöern, aber man ist frei. Ich bin damit zufrieden.«

Das Holzklötzchen in seiner Hand nahm langsam Gestalt an. »Einen Vorteil haben die Felsbrocken, auf denen ich wohne, daß sie Haralds Langschiffe kaum erreichen können. Die See um die Insel herum ist gefährlich, es herrscht eine schwere Brandung. Das hält die Kaperer auf Abstand. Wir leben etwa so wie ihr, nur sind wir etwas länger dort, wir haben schon etwas aufgebaut, ihr steht noch am Anfang. Schafe, Vogelfang, Fischfang . . . und natürlich Grindadrap.«

»Was?«

»Mitten im Sommer, ungefähr um diese Zeit, schwimmen die männlichen Wale in Gruppen in die Fjorde hinein. Wir treiben sie ans Ufer – dann werden sie getötet. Es ist ein gewaltiges Abschlachten, aber ein Wal liefert Fleisch, Fett, Haut, Knochen – alles!«

Das Figürchen hatte inzwischen die Form eines Pferdchens angenommen. Der Mann betrachtete es prüfend, hielt es Olaf hin. »Hast du einen Sohn?« »Nein . . . ja . . . ich meine, der Bauer, bei dem ich wohne, hat mehrere Kinder . . .«

»Hier«, sagte der Mann freigiebig, »ich kann nie rasten, ich mache immer allerlei Schnitzereien, viel Kinderspielzeug. Behalte doch das Pferdchen!«

Olaf nahm es an, wußte nicht recht, wie er sich bedanken sollte.

»Wie alt sind die Kinder auf deinem Bauernhof?«

»Ein Säugling von ein paar Monaten, ein Kind von einem halben Jahr und ein Junge von vier Wintern.«

»Für das Kind von vier Wintern habe ich etwas viel Schöneres . . .«

Er wühlte in einer Kiste im Schiffsraum. Kurz darauf gab er Olaf ein hölzernes Schwert und einen hölzernen Schild, alles in Kindergröße.

»Was kann ich dir dafür geben?« fragte Olaf. »Gibt es etwas, womit ich das vergüten kann?«

Der freundliche Mann winkte ab. »Ach – das ist nichts Besonderes. Ich mache aus allem etwas, aus Holzstückchen, aus Knochen und Walbein. Ich mache es aus Spaß. Wir haben doch ein gutes Geschäft gemacht . . . du hast meine Lämmer sehr gut bezahlt.«

Sie sprachen noch ein wenig zusammen und gingen dann auseinander, nachdem Olaf versprochen hatte, im Frühjahr auf dem Weg nach Süden Kvivik anzulaufen.

Während des ganzen Sommers sah Olaf Runolf nur selten, und wenn sie einander begegneten, war es nie mehr wie früher. Der Junge war aufgeschossen und auf einmal viel erwachsener. Das

Kind, das Olaf so grenzenlos bewundert hatte, war zum Mann geworden, mußte sich aber erst als Mann erweisen. Die vermeintliche Feigheit Olafs am Lagarfljót ging ihm noch spürbar gegen den Strich. Runolf war ein guter Jäger geworden; selbst beim gefährlichen Haifang weit außerhalb der isländischen Küste hatte er bewiesen, daß er viel wagte. Bei Meinungsverschiedenheiten ließ er seine Fäuste rasch ein Wort mitreden. Olaf sah sich das an, ohne etwas dazu zu sagen. Er bewunderte Runolfs Hai, ließ sich ausführlich berichten, wie er ihn mit der schweren Angel gefangen, die eine Kette statt der Schnur hatte, und wie er ihn an dieser Kette hinter seinem Boot her zur Küste geschleppt hatte. Olaf machte ein Angebot auf ein ordentliches Stück aus der Flanke. Während das Fleisch herausgeschnitten wurde, hörte er hinter sich eine Stimme, die sagte: »Gib mir die Haut und die Leber! Ich bezahle gut dafür.« Er erkannte die Stimme, noch bevor er sich umgedreht hatte und das Gesicht des Mannes sehen konnte: Eirik Leifsson, einer der Bauern, die mit Uni dem Dänen ausgefahren waren, um sich auf Island anzusiedeln.
Die Männer begrüßten einander. Eirik war mit seinem kleinen Boot auf einer Handelsreise entlang der isländischen Küste. An diesem Abend horchte Olaf ihn über die Lage im Osten aus.
»Das Land ist gut – aber der Däne macht uns Schwierigkeiten.« Er sagte es geradeheraus, ohne Umschweife und Einleitung. »Uni versucht, über das ganze Gebiet um den Lagarfljót die Macht zu bekommen. Er hat ohne uns mit Harald Abmachungen getroffen. Das lassen wir uns nicht bieten. Er wird schon von vielen Seiten angegriffen . . . Wir haben uns Sigurd angeschlossen, dem Priester von Freyr, aber es ist nun eine Blutfehde entstanden, die man nicht mehr aufhalten kann.«
Das war für Olaf nichts Neues.
»Das weiß ich«, sagte er. »Ich bin zu Beginn des Frühjahrs im Osten gewesen. Hat Thorkel sich schon am Mörder seines Bruders gerächt?«
»Das kann ich dir nicht sagen. Er ist schon geraume Zeit von seinem Hof fort. Vielleicht hat er inzwischen die Rechnung beglichen.«
»Aber wer sorgt für den Betrieb, wenn Thorkel weg ist. Wer bestimmt jetzt für beide Familien?«
Der andere sah ihn erstaunt an. »Aber weißt du denn nicht – das weiß doch jeder – daß Einar der Fechter mit der Witwe von Grim

verheiratet ist. Er sorgt in Thorkels Abwesenheit für beide Bauernhöfe.«
Es währte nicht lange, bis Olaf begriff, welche Folgen das haben konnte. Einar verheiratet mit Grims Witwe! Dann gehörte er jetzt zur Familie Geirmundssons! Wenn Thorkel etwas geschah, mußte er dessen Tod rächen. Arme Helga! Was hatte sie doch noch am Abend bei der Stekkur gesagt? Glücklicherweise sind noch keine Familienangehörigen von uns in den Fall verwickelt, aber das kann jeden Augenblick geschehen und dann kann ich das Schicksal nicht aufhalten!
Nun waren die Familien von Geirmund und Thorgrim durch eine Heirat miteinander verbunden. Nun steckte er mittendrin!
Olafs plötzliche Schweigsamkeit fiel Eirik nicht auf. Er sprach weiter, hauptsächlich über die Schwierigkeiten mit Uni dem Dänen. »Einer nach dem andern ist gegen ihn. Er kriegt sie nicht klein. Aber es hat Verluste gegeben – aus der Auseinandersetzung ist eine Fehde entstanden. Wer weiß, wie viele noch daran glauben müssen . . .«
Es hörte sich so an, als ob es unabwendbar wäre, als ob jeder schon vorn vornherein hinnahm, daß das beste Blut verlorenging, daß immer wieder Menschen getötet wurden, um die Familienehre zu retten. In dieser Nacht lag Olaf lange wach. Er versuchte, mit sich selbst ins Reine zu kommen. Was war jetzt das Wichtigste? Treue zur Sippe geht vor Freundestreue, hatte Helga gesagt. So konnte ein Freund den anderen töten, nicht weil er persönlich etwas gegen ihn hatte, sondern weil sie zu zwei Familien gehörten, die durch Schicksalsschläge zu Gegnern geworden waren. Niemand fragte nach der Schuldfrage, niemand sprach ein unparteiisches Urteil und schlichtete dadurch den Streit. Das war Wahnsinn! Das war Selbstmord! Aber wenn er, Olaf, diese Gedanken aussprach, dann stand er allein, dann war er der Außenstehende, der nicht begriff, daß man nach den Bräuchen seines Volkes leben mußte, daß man sich der Verpflichtung seinem Geschlecht gegenüber nicht entziehen kann, auch wenn es im Unrecht war. Tat man es doch, war man feige. Dann wurde man wie Luft behandelt!
Einst, vor langer Zeit, kannte Olaf auf der fernen Insel in der See von Aletha einen merkwürdigen Mann, einen Mönch. Er hatte eine Kapelle auf der Insel Angia. Der Mönch war mit Sven Haraldsson, dem Wiking, Olafs Großvater, befreundet gewesen. Zwei Männer – zwei Welten. Der eine lebte nach christlichen Grundsätzen – der

andere war ein Anhänger der alten Götter. Sie gingen beide ihren eigenen Weg. Sie lebten beide nach ihrer Überzeugung. Dennoch waren sie befreundet, eng befreundet. Wie hatten sie es geschafft, in Frieden und Freundschaft zu leben, ohne sich an der Lebensweise des anderen zu stoßen, ohne daß der eine dem andern untertan war? So sehr richtete Olaf Sigurdsson seine Gedanken auf die Männer der Insel Angia, daß er sie vor sich sah, als ob sie jetzt im Langhaus säßen, Sven Haraldsson, der Wiking, und Pater Brian von der Laurentiuskapelle.

Manchmal hatte der riesige Mönch mit dem Kindergesicht seinen Großvater »Barbar« genannt. Aber dann hatten beide herzlich darüber gelacht und einander auf die Schulter geklopft; und auch, wenn der Wiking den Mönch »Pfaffe« nannte, klang seine Stimme nie feindselig. Olaf erinnerte sich nun daran, daß sie keineswegs immer einer Meinung gewesen waren, sein Großvater und der Mönch. Einmal hatte er als kleiner Junge in einer Stallecke gezittert, weil sie eine Meinungsverschiedenheit hatten und sich darüber aussprachen. Auf beiden Seiten waren Kraftworte gefallen, aber das Gespräch war nicht in Handgreiflichkeiten oder Beleidigungen ausgeartet, so wie das hier auf Island so rasch geschah.
Am folgenden Tag hatte Olaf, das Kind, seinen Großvater zögernd gefragt, ob er dem Mönch böse sei. Der alte Mann hatte gelächelt. »Olaf, jede Meinungsverschiedenheit läßt sich mit Worten klären – zumindest, wenn man es mit einem anständigen Menschen zu tun hat.«
Das war eine rätselhafte Antwort, die der Junge damals kaum verstehen konnte. Und später, viel später, als er den Mönch einmal schüchtern gefragt hatte, was das Wort ›Herzensbildung‹ bedeute, hatte er darauf die seltsame Antwort bekommen, an die er sich immer erinnern würde: »Herzensbildung, mein Sohn, ist Ehrerbietung vor dem Recht des andern.«
Das war ihr Geheimnis: Ehrerbietung vor dem Recht des andern. Jetzt, wo er selbst ein erwachsener Mann war, der schon das eine oder andere erlebt hatte, begriff Olaf die tiefere Bedeutung dieser Worte. Eine Auseinandersetzung mußte sich mit Worten beilegen lassen. Dabei mußte man die Schuldfrage klären – die Höhe einer möglichen Schadensvergütung. So mußte man jeden Streit aus der Welt schaffen können. Bjorn hatte Aslak einen Verräter genannt. Darauf hatte Aslak ihn erschlagen. Das war der Anfang der Aus-

einandersetzung am Lagarfljót. Wer hatte recht gehabt? Bjorn? Dann hätte Aslak verurteilt und bestraft werden müssen. Aslak? Dann hätte man Bjorn verurteilen müssen, wegen der Beleidigung, die er Aslak angetan hatte. Aber wie es jetzt gekommen war, war es nicht recht. An die Ursache des Streites und an die Schlichtung dachte niemand. Jeder bedachte nur die Verpflichtung, die er persönlich in Hinsicht auf seine Familienehre hatte. Und die Blutfehde rollte weiter wie eine Lawine und erschlug die wertvollsten Menschen in der isländischen Lebensgemeinschaft. Wenn Uni ein Verräter war und später jeden gegen sich hatte – die letzten Berichte von Eirik Leifsson deuteten darauf hin – dann konnte es geschehen, daß die durch Uni entstandene Blutfehde noch lange Zeit weiter wirkte, selbst wenn Uni Gardarsson schon tot und begraben war.
Was wir hier dringend nötig haben, dachte Olaf, während er auf das Windauga starrte, wodurch das fahle Licht hereinfiel, sind Gesetze, die für ganz Island gelten, denen sich alle Godar und ihre Leute unterwerfen, und eine unparteiische, ehrliche Rechtsprechung. Es muß eine Landesversammlung geben, auf der alles, was geschehen, geschlichtet werden kann, was nicht von dem örtlichen Godi auf einem Thing geregelt werden kann. Wenn sich jeder dem Urteil des Rechtsprechers unterwirft, ist damit die Blutrache aus der Welt geschafft. Der Rechtsprecher muß ein Mann sein, der eines jeden Recht achtet, es muß ein Mann sein, der aus der ganzen isländischen Lebensgemeinschaft ausgewählt wird.
Die Lösung schien so selbstverständlich. Aber wer würde das verwirklichen können? Wann würde ein Mann aufstehen und diesem Gedanken Form und Inhalt geben?
Das letzte, was Olaf noch klar vor sich sah, bevor er einschlief, war Helga Thorgrimsdottir, die jetzt mit ihrem von der Gicht gezeichneten Vater allein vor allen Schwierigkeiten auf dem Bauernhof stand.

14 GRIMSEY

In der Eissee, ein gutes Stück nördlich der Mündung des Eyjafjördur liegt Grimsey. Die Insel ist so klein, daß ein Mann an einem Morgen ganz um sie herumlaufen kann. Grimsey wird nur von Vögeln bewohnt, von ungezählten Vögeln. Es war eine sichere Brutstätte, weit von der gewohnten Welt entfernt, nur von dem großen, braunen Falken bedroht, der auf steilen Felswänden nistet, und von dem Raben, dem grausamen, schwarzen Feind der Vogelwelt auf den Klippen. Der riesige Vogelreichtum von Grimsey lockte den Menschen beim Kampf ums Überleben an. Grimsey wurde ins Jagdgebiet der sich neu ansiedelnden Wikinger einbezogen.
Mit kleinen Booten fuhren sie den Eyjafjördur hinaus. Ihre Ausrüstung bestand aus dem langen, schweren Seil und dreieckigen Schiffsnetzen mit langen Stöcken. In der natürlichen Bucht im Südwesten, wo die Küste nur fünfundzwanzig Fuß aus der See aufragt und man die Klippen bequem besteigen kann, gingen sie an Land. Die meisten Männer beherrschten die Kunst des Vogelfangs; es waren aber immer welche dabei, die das Fach noch lernen mußten, Jungen und junge Männer, deren Geschicklichkeit noch zu wünschen übrigließ und die zum ersten Mal ihr Leben dem so wichtigen Seil anvertrauten.
Im ganzen Eyjafjördurgebiet gab es nur einen Mann, der reich genug war, ein eigenes Seil zu besitzen: Helgi den Mageren. Das Seil wurde aus aneinander befestigten Riemen gemacht, die aus bestem und dickstem Ochsenleder geschnitten waren. Es wog darum auch so viel wie ein erwachsener Mann und war fünfhundert Fuß lang. Nur die wirklich erfahrenen Vogelfänger konnten bei Helgi anklopfen, um sein kostbares Seil auszuleihen. Stigandi war ein solcher Mann. Und Runolf kam zum ersten Mal mit, um das Fach zu lernen. Auch Olaf war dabei. Er hatte auf Angia Sulas und Alken gejagt. Die Felsen von Grimsey waren zwar höher als die in der See von Aletha, aber sie schreckten ihn nicht ab.
Die Jäger kletterten nach oben. An einer günstigen Stelle an der Nordküste, wo diese hoch und steil ist, wurden zwei Pfähle in den Grund getrieben, woran das Seil befestigt wurde. Vorsichtig, darauf achtend, sich nicht an scharfen Felszacken zu verwunden, ließen sich die Männer einer nach dem anderen am Seil hinunter, bis sie auf der lotrechten Felswand einen Riegel erreicht hatten, wo sie stehen und mit dem Schöpfnetz die Lundis bei der Flucht fangen

konnten. Es war eine Frage der Geschicklichkeit und der Wendigkeit. Jeder Jäger hatte einen Helfer, der die Vögel aus dem Netz holte, sie tötete und in einen Sack steckte. Geraume Zeit wirkte Runolf als Olafs Helfer beim Fangen der Lundis. Sein Vater war etwas weiter weg mit einem Schwarm Sturmvögel beschäftigt. Dafür brauchte man kein Netz. Die Sturmvögel verließen erst im letzten Augenblick ihr Nest; dann konnte Stigandi sie mit der Hand packen. Die jungen, fetten Tiere mit ihrem grauen Flaum hielt man für einen besonderen Leckerbissen. Olaf ekelte sich vor dem durchdringenden tranigen Geschmack. Darum beschränkte er sich auf die Lundis.

Runolf hatte bald genug von seiner Aufgabe als Helfer. Was sein Vater konnte, konnte er auch. Er beschloß, selbst Jagd auf die jungen Sturmvögel zu machen, wobei er, soviel er konnte, seines Vaters Kunstfertigkeit abguckte. Auf einem herausragenden Riegel balancierend, bückte er sich, um einen im Nest sitzenden jungen Sturmvogel zu packen, war aber nicht flink genug. In seiner Todesangst spritzte das Tier mit aller Kraft einen gut gezielten Strahl gelben Öls in Runolfs Gesicht. Der Gestank benahm ihm einen Augenblick den Atem. Mit dem Ärmel seines Kirtels versuchte er, die ekelhafte Flüssigkeit vom Gesicht abzuwischen, womit er die Sache nur verschlimmerte. Seine Hände wurden von dem Fett glitschig, seine Kleidung stank unbeschreiblich; in seiner Wut vergaß er alle Vorsicht . . .

Die andern Männer waren zu sehr mit ihrer eigenen Arbeit an den Felswänden beschäftigt, um auf den Jungen zu achten. Olaf, der ihm noch am nächsten war, hörte den Schrei und sah erschreckt auf.

Links von Olaf, aber sicher dreißig Fuß tiefer, lag Runolf auf einer herausragenden Felsrinne in seltsam verkrampfter Haltung, das linke Bein unter dem Körper verschränkt. Er gab kein Lebenszeichen von sich. Mit raschem Blick erfaßte Olaf die Lage. Die andern Männer waren ziemlich weit von ihm entfernt. Obendrein konnten sie ihn durch die Brandung und den Wind doch nicht hören. Er konnte nur einen Knecht Stigandis durch Zeichen aufmerksam machen. Das Felsband, auf dem Runolf lag, war schmal. Wenn der Junge zu sich kam und sich plötzlich bewegte, konnte er fallen – dann würde er auf den spitzen Klippen in der Brandung zerschmettern. Olaf bedachte sich nicht lange. Er löste das Tau, das er um die Schultern trug, band das eine Ende um seine Taille, schlang es um einen Felsblock und gab dem Knecht das andere Ende zum Halten. »Langsam nachlassen«, sagte Olaf, »während ich mich nach unten arbeite. Wenn ich ausrutsche, hoffe ich, daß du meinen Sturz aufhälst. Wenn ich Runolf erreicht habe, schlinge ich das Seil um seine Brust. Wenn er nicht beikommt, wirst du ihn so hinaufziehen müssen, das Wagnis muß man eingehen. Ist er einmal hier, läßt du das Tau wieder hinab, und ich klettere selbst hinauf!«

Der Knecht nickte zum Zeichen, daß er Olaf verstanden hatte. Olaf ließ sich jetzt geschickt hinab und landete ohne Zwischenfall auf Runolfs Felsriegel. Vorsichtig rüttelte er Runolf an der Schulter, bis dieser wieder zu Bewußtsein kam. Er sprach dem Jungen Mut zu und untersuchte seinen Fuß. Es war nichts gebrochen, der Enkel war jedoch so geschwollen, daß er nicht aufstehen konnte. Mit wenigen Worten erklärte Olaf dem Jungen, was man jetzt von ihm erwartete.

»Ich binde dieses Tau um deine Taille. Der Knecht oben zieht dich langsam hinauf. Du mußt dich nur mit dem gesunden Fuß und den Händen so weit wie möglich von den herausragenden Felsspitzen fernhalten. Nicht nach unten schauen, bloß nicht nach unten schauen!«

Er ließ dem anderen keine Zeit zu antworten, zum Widerspruch oder um Angst zu bekommen. Er zog dreimal an dem Tau . . . Der Knecht begann langsam zu ziehen. Runolf tat sein Bestes. Die rauhe Felswand schrammte seine Hände, zweimal stieß er mit seinem verwundeten Fuß an, daß ihm vor Schmerz die Tränen in die Augen schossen. Er mußte sich fortwährend dazu zwingen, nicht in die Tiefe zu blicken. Olaf stand unten und sandte ein Stoßgebet zu allen Göttern, daß sein Seil hielt. Es war nicht aus dickstem Ochsenleder geschnitten und nicht von bester Qualität – es war jedoch das einzige, das er zur Hand hatte . . .

Runolf schaffte es. Er lag lang ausgestreckt auf dem Felsriegel, um sich von dem mühseligen, schmerzhaften Aufstieg zu erholen, während der Knecht das Seil losband und wieder hinabließ, um Olaf heraufzuholen. Weil sich das Tau am Felsen scheuerte, fing es an, sich in Fasern aufzulösen. Olaf sah es und wußte, daß es jeden Augenblick reißen konnte, wenn es sich plötzlich spannte.

Es gab keine andere Wahl. Fuß um Fuß, sich mit den Händen festhaltend, jeden Griff überprüfend, ehe er sein Gewicht verlagerte, arbeitete sich Olaf nach oben. Angst, nackte Angst packte ihn – er wußte, daß Zögern den sicheren Tod bedeutete – schäumende

Brandung unter sich – bedeckter Himmel, aus dem es sanft zu regnen begann, über sich – aufgeschürfte, blutende Hände – um seinen Kopf kreisende Vögel, die ihn angriffen, daß ihm schwindlig wurde – das straff gespannte, gesplissene Seil, Sicherheit vortäuschend, die es nicht mehr gab . . .

Der Knecht auf dem Felsrand bewunderte Olafs Wagemut und seine Schnelligkeit. Auch er wußte, daß man dem Seil nicht mehr trauen konnte.

Er legte sich auf den Bauch, um Olaf das letzte Stück über die scharfe Kante zu ziehen.

Heio. Gerettet! Vorbei ist vorbei! Nicht zurückblicken – vorwärts!

Sie nahmen Runolf zwischen sich und schafften ihn auf das Plateau, wo Helgis Tau hing. Dort warteten sie auf die anderen, die von dem Unglück nichts bemerkt hatten und erst geraume Zeit später mit Säcken voll Vögeln auftauchten.

Runolfs Schenkel war dick geschwollen. Er konnte den letzten, steilen Anstieg unter keinen Umständen wagen. Hier war der Fels jedoch nicht voll tückischer Vorsprünge, so daß sie ihn mit Hilfe von Helgis sicherem Seil hinaufziehen konnten.

Land, von niemandem bewohnt – Land, das man sich nur nehmen muß!

Aber dann sicher nur von den Stärksten – von Männern, die jeden Tag erneut bereit waren, fürs Dasein hart zu kämpfen.

»Angst«, sagte Olaf, »Angst ist ein Ungeheuer, das dich zuerst lähmt und danach vernichtet.«

Sie saßen vor Stigandis Haus. Die Vogelfänger waren noch emsig damit beschäftigt, den Fang zu verarbeiten. Sie schnitten das Fleisch heraus, reihten die Reste und die Häute auf Kordeln auf und hingen diese zum Trocknen hin, um sie später als Brennstoff zu gebrauchen.

Olaf hatte Runolfs Fuß verbunden. Jeder war beschäftigt, niemand achtete auf sie.

Der Junge wußte auf Olafs Worte nichts zu sagen. Er hatte gelernt, daß Angst des Normannen unwürdig ist, daß derjenige, der Angst zeigte, ein Feigling war.

Es geschah nicht zum ersten Mal, daß ihn Olaf Sigurdssons Aussprüche verwirrten.

Die Stimmen der Männer am Ufer waren bei dem stillen Haus deutlich zu hören. Es herrschte ein leichter Ostwind, der den Ge-

stank des Trockenfisches am Hjallur verwehte. Der Regen hatte aufgehört – der Abend war mild und angenehm.
Weil sich Runolf in einer vertraulichen Stimmung befand, hatte er Olaf gefragt, wonach er sonst niemanden zu fragen wagte: »Olaf, was ist Angst?«
Nachdem er eine Antwort bekommen hatte, wußte er nichts damit anzufangen. Olaf verfolgte seine eigenen Gedankengänge, während er einen langen Grashalm um den Finger wickelte.
»Jeder Mensch kennt Angst. Wenn einer keine Angst hat, hat er überhaupt keine Einbildungskraft. Niemand braucht sich der Tatsache zu schämen, daß er Angst kennt. Wenn man die Angst nur zu besiegen weiß . . .«
Der lange Grashalm in Olafs Hand riß entzwei – er sah das gesplissene Seil eben wieder vor sich. Er unterdrückte ein Frösteln.
»Warst du bang, dort auf Grimsey?«
Obwohl niemand in der Nähe war, hatte Runolf seine Frage flüsternd vorgetragen.
»Bei Thor, ich habe selten solche Angst gehabt!«
»Du hättest nicht hinunterkommen müssen – es war meine eigene Dummheit . . .«
»Wenn ich meine Angst nicht bezwungen und dich nicht heraufgeholt hätte, dann wäre ich feige gewesen!«
Runolf stritt sich noch immer mit der Frage herum, wo Feigheit beginnt.
»Du hast einen Eisbär getötet«, sagte er, »du hast den Dieb in der gelben Wüste verfolgt, du hast mich aus dem Abgrund gerettet – wie habe ich nur glauben können, daß du Angst vor Einar hast!«
Als es heraus war, hätte er sich lieber die Zunge abgebissen.
Olaf sah ihn sprachlos an.
»Ich vor Einar bange? Wie kommst du darauf?«
»Du ließest dich beleidigen, ohne dich zu rächen.«
Mit einer ungeduldigen Gebärde schob Olaf seinen Becher zur Seite. Er suchte nach Worten, wußte seinen Gedanken nicht recht Ausdruck zu geben. »Angst – Angst habe ich im Sturm gehabt – auf See, und als die Erde zum ersten Mal bebte – und als der Berg Feuer spie – ja und auch über dem Abgrund, als das Seil zu reißen drohte – aber vor Einar Thorgrimsson bin ich nicht bange. Wenn ich ihn nicht niederschlug, habe ich meinen Grund dafür.«
»Du tust manchmal Dinge, die wir hier nicht verstehen . . . Das wird dann falsch gedeutet.«

»Ich bin ein Normanne – ich fühle mich als Normanne – aber ich habe in einer andern Welt gelebt – darum denke ich über einige Dinge anders. Auf die Dauer werden sie sich hier schon an mich gewöhnen.«
Er ließ seine Augen über die friedliche Landschaft, den stillen Fjord gleiten. Wenn man als Kind von Imma von Walacra aufgezogen wurde, muß man etwas von ihrer Lebensweise annehmen – man kann nicht mit Menschen wie Sven Haraldsson und Pater Brian verkehrt haben, ohne etwas von ihnen gelernt zu haben. Solche Gedanken behält man besser für sich. Sie werden sich auf die Dauer an meine Lebensweise gewöhnen – dachte er. Sie werden mich auf die Dauer achten müssen. Dennoch wußte er, daß das letztere nicht ohne Schwierigkeiten abgehen würde.

15 EIN TOTER MANN HAT WENIG WERT

Es war für die Siedler ein guter Sommer gewesen, ein Sommer mit viel Sonne und nicht zuviel Regen. Man hatte hart gearbeitet – die Heuernte hatte wahrscheinlich genügend Vorräte für den Winter gebracht. Große Mengen Fisch hingen zum Trocknen am Hjallur. Man hatte viele Haie eingegraben. Die Seehundjagd hatte Felle eingebracht und der Vogelfang außer dem Fleisch noch genug Abfall für Brennstoff. Man sah dem zweiten Winter auf Island vertrauensvoll entgegen.
Helgi hielt auf Kristnes ein Thing ab. Die Menschen am Eyjafjördur waren einander gut gesinnt, es gab kaum bedeutendere Geschehnisse zu schlichten.
Es wurde Zeit, die Schafe zusammenzutreiben und zu scheren. Astrid hatte den alten Wollvorrat zu Vádmál verarbeitet. Sie füllte jetzt die Zeit mit Brettchenweben aus.
Sie saß in der späten Mittagssonne vor dem Haus und zog Fäden von verschiedenen Farben durch Löcher, die auf den vier Ecken von ein paar kleinen hölzernen Brettchen angebracht waren. Danach drehte und wendete sie die Brettchen nach einer bestimmten Regel. So entstanden Kordeln mit schwierigen Mustern. Sie machte Pferdezäume daraus, aber meistens Haarbänder. Ihre allzeit fleißigen Hände arbeiteten, während sie Gizur im Auge behielt, der am Ufer mit seinem hölzernen Schwert gegen einen aus-

gedachten Gegner ein Scheingefecht führte. Magnus Foss-son kroch mit dem hölzernen Pferdchen des Kaufmanns von Kvivik in seinem molligen Fäustchen um sie herum. Er biß darauf, denn er bekam Zähne. Als ihm Gizur näher kam, schlug er mit dem Pferdchen auf Gizurs Schild, daß es krachte – dann lachten beide schallend. In dem Backtrog schlief jetzt das neue Kindchen.

Von jedem Bauernhof zog ein berittener Mann von einem Hund begleitet mit der Gruppe der Schafstreiber in die Wildnis hinein. Dort wurden die Schafe in einer riesigen Hürde zusammengetrieben, die von den Knechten aller Höfe zusammen im Sommer aus losen Steinen und Lavablöcken gebaut worden war. Es war eine Mordsarbeit, alle Schafe nach der Ohrenmarke herauszusuchen. Beim Zählen fehlten ein paar. Olaf war einer der Männer, die auszogen, sie in einer Treibjagd aufzuspüren. Obwohl die Schäferhunde der Siedler ausgezeichnete Dienste verrichteten, war kein Hund so schnell und so nützlich wie Varou. Es schien ihm ein echtes Vergnügen zu sein, die verirrten Schafe zur Herde zurückzubringen. Danach zogen die Bauern mit der ganzen Herde aus der Wildnis nach Hause, um die Tiere in die Ställe zu bringen, damit im Winter der Mist nicht verlorenging.

Überall, auf jedem Hang wurden Vorbereitungen für die Feier der Herbstfeste getroffen. Seit Helgi Christ war, opferte er den Göttern nicht mehr, aber jeder hatte die Freiheit, das so zu halten, wie er wollte – darum veranstaltete Ornolf ein Opferfest für Freyr auf seinem eigenen Grund und Boden, an dem verschiedene Nachbarn teilnahmen.

Auf Stigandis Hof wurden Knattleikr-Spiele ausgetragen, wobei viele Bauern aus der Umgebung im Wettstreit ihre Kräfte mit einem hölzernen Ball messen konnten. Auch Olaf nahm daran teil. Er hatte schon viele Partien gewonnen und mußte noch gegen einen Knecht von Stigandi antreten, der bisher immer Meister des Hofs gewesen war. Kurz bevor der Wettkampf angesetzt war, war noch ein Boot eines Händlers eingelaufen, der noch eine letzte Reise um die Insel machte, bevor das Eis alle Verbindungen abbrach. Es waren viele Zuschauer zu dem Spiel um den Meistertitel erschienen.

Die beiden Spieler waren vollkommen ebenbürtig. Es dauerte ziemlich lange, bis man erkennen konnte, wer die größten Chancen hatte. Als Olaf in einem bestimmten Augenblick am Schlag war und sein Schlagholz aufhob, um den Ball wegzuschlagen, meinte er,

aus den Zuschauern eine bekannte Stimme herauszuhören, die nicht am Eyjafjördur zu Hause war. Das lenkte ihn kurz ab. Dieser Augenblick genügte, seine Chance zu verspielen. Er setzte den Schlag nicht genau an – der Ball schoß über das Ziel hinaus, wonach beide Wettkämpfer hinter dem Ball herrannten. Der Knecht bekam ihn zu fassen und durfte nun schlagen.
Er brachte seinen Schlag gut an . . . Es war als ob Olaf an diesem Abend nicht in Form wäre. Er konnte den Ball nicht auffangen und wurde dadurch besiegt.
Runolf stieß enttäuscht einen Seufzer aus. Er hätte Olaf den Sieg gern gegönnt. Olaf streckte seine Hand aus und schüttelte die seines Gegners. Der Knecht war Sieger.
Als Olaf an seinen Platz durch die Zuschauer zurückging, sah er plötzlich den Mann, dessen Stimme ihn abgelenkt hatte. Zwischen der Besatzung von dem gerade eingelaufenen Kauffahrer saß Einar Thorgrimsson vom Lagarfljót. Man sah seinem Gesicht an, daß er sich über Olafs Niederlage freute. Die Männer grüßten einander gemessen.
Die Spiele waren beendet. Stigandi ließ Bier auftragen; Skalden versammelten sich um das hoch auflodernde Feuer, um ihre Lieder für die Festteilnehmer zu singen.
War es ein Zufall, daß Einar Thorgrimsson dicht hinter Olaf zu sitzen kam, oder hatte er es darauf angelegt? Olafs zutiefst ausgeprägte Gabe der Eingebung warnte ihn, daß er Schwierigkeiten bekommen würde. Er lauschte den Skalden andächtig. Das Feuer knisterte. Die Gemüter der anderen um ihn herum wurden von Met und Bier ziemlich erhitzt. Olaf wartete. Er wußte, daß es sinnlos war, fortzugehen, daß er dem nicht aus dem Weg gehen konnte, was jetzt auf ihn zukam.
»Ich merke zu meinem Erstaunen, daß Olaf von Angia auch einmal einen Wettkampf verliert«, sagte die spottende Stimme hinter ihm. Olaf blickte über seine Schulter und tat so, als sähe er Einar jetzt erst gerade hinter sich sitzen.
»Bersi war der beste«, sagte er ruhig. »Soll bei einem Wettkampf nicht der Beste gewinnen?«
»Viel Ehrgefühl hast du nicht.« Es klang verletzend. Olaf ging auf diese Bemerkung nicht ein.
Runolf kam vom Langhaus zu ihnen. Er begrüßte Einar. »Wie geht es auf Thorgrims Hof?« Er fragte nur aus Höflichkeit. Ohne eine Antwort abzuwarten, sprach der Junge zu Olaf weiter. »Wie scha-

de, daß du auf einmal draußen warst. Ich meine, du hättest gewinnen müssen. Du hast bis jetzt jeden Wettkampf gewonnen ...«
Bevor Olaf etwas erwidern konnte, erklang Einars haßerfüllte Stimme: »Olaf von Angia gewinnt nicht immer ... Dennoch scheint er auf dem Spielfeld ein größerer Held als auf dem Schlachtfeld zu sein ...«
Runolf blieb regungslos stehen. Seine Augen glitten ausdruckslos von Einar zu Olaf. Sein Gesicht glich einer Maske. Im Hintergrund sprachen und lachten viele Stimmen durcheinander. Tu etwas, dachte Runolf. Bleib nicht einfach so sitzen, laß dich nicht von diesem Flegel beleidigen. Warum tust du nichts?
Ein Kampf mit Einar hier auf dem Herbstfest würde in ein Blutbad ausarten, wußte Olaf. Es würden sich sofort zwei Gruppen bilden. Die Gemüter waren von Bier und Met zu sehr erhitzt, um vernünftig zu sein. Ein unbedeutender Wortwechsel würde auf ein gewaltiges Handgemenge hinauslaufen, in dem es Tote geben konnte. Das mußte man verhindern. Aber er wußte auch, daß jetzt die Grenze erreicht war. Wenn er sich noch mehr bieten ließe, würde ihn Einar nie mehr achten. Und im Hinblick auf seine Pläne, die er noch niemanden mitgeteilt hatte, konnte er sich das nicht erlauben.
Einmal hatte der friedlichste Mensch, den Olaf je gekannt hatte, der Mönch Brian auf Angia, einen Wikinger-Kaufmann, der ihn betrügen wollte, ohne weiteres zu Boden geschlagen. Das hatte Erstaunen ausgelöst, aber besonders Achtung. Manchmal ist es nötig, daß sich ein Mann seiner Haut wehrt.
»Wenn du von hier nach Osten reitest«, sagte er mit ausdrucksloser Stimme, »dann kommst du am Ende des Birkenwaldes an einen großen Wasserfall. Morgen, wenn die Sonne ihren höchsten Stand erreicht hat, treffen wir uns dort.«
»Du hast sicher vor, dein Kalb mitzunehmen?«
Olaf hatte dem anderen schon den Rücken zugekehrt. Er blieb stehen, drehte sich noch einmal zu seinem Gegner um. »Wir kommen beide allein.« Ohne sich weiter um den anderen zu kümmern, pfiff Olaf Varou und ging zu Stigandis Stall, wo sein Pferd stand. Als er aufstieg, hörte er rasche Schritte hinter sich. Runolf war ihm gefolgt. Im Dämmerlicht des Stalls klang die aufgeregte Jungenstimme heiser. »Wirst du ihm eins draufgeben, Olaf? Kann ich mitkommen?« Olaf blickte auf den Jungen herab. »Ich werde die Rechnung begleichen«, sagte er. »Aber ich möchte nicht, daß jemand außer uns beiden hineingezogen wird. Gerade darum soll der

Kampf beim Wasserfall stattfinden, das ist weder innerhalb seines noch meines Godords. Ich will, daß du mit keinem darüber sprichst. Sollte ich nicht zurückkommen, dann weißt du, was geschehen ist, dann kannst du es den Leuten hier erklären.«
Der Junge erschrak. In seiner Wut hatte er nur mit einem günstigen Verlauf für Olaf gerechnet. Der Gedanke, daß sein Freund getötet werden konnte, war ihm nicht gekommen. Er wollte noch etwas sagen – bekam aber dazu keine Gelegenheit mehr. Olaf hob den Arm zum Gruß, setzte sein Pferd in Bewegung und stob in die Nacht davon.
Niemand auf Stigandis Fest hatte von dem Wortwechsel etwas bemerkt.
In dieser Nacht konnte Olaf kaum einschlafen. Um ihn herum erklangen die vertrauten Geräusche der Nacht – das Atmen der schlafenden Menschen, das Rascheln des trockenen Mooses, auf dem die Hunde schliefen. Düstere Gedanken drangen auf ihn ein. Er wußte recht gut, daß Einar der Fechter körperlich stärker war als er. Die Möglichkeit, daß Einar im Kampf mit dem Schwert siegen würde, war groß. Nun ging es nicht mehr um den Besitz eines Currachs, nun ging es um sein Leben. Waren die ihm zugefügten Beleidigungen das Wagnis wert? Um geringfügigere Beleidigungen waren schon viele Normannen gefallen. Das Wort »Feigling« ist Grund genug zur Blutrache in einer Gemeinschaft von Wikingern. Olaf hatte gelernt, seinen Verstand zu gebrauchen, die Folgen seiner Taten zu überblicken, die Bedeutung verschiedener Dinge gegeneinander abzuwägen. Aber er lebte in der Welt der Wikinger, in der auch ihre Normen galten. Er konnte bei verschiedenen Punkten eine andere Meinung haben, er wußte jedoch, wann die Grenze erreicht war. So weit war es jetzt . . . Er wußte, daß Einar ihn weiter beleidigen würde, sicher so lange, bis er doch zu den Waffen greifen mußte, wollte er nicht alle Achtung seines Volkes verlieren. Er war Einar geraume Zeit ausgewichen – nun würde er das nicht mehr machen. Einmal mußte er den Mann mit dem großen Mund spüren lassen, daß er sich nicht alles erlauben konnte. Danach hoffte er, endlich in Ruhe gelassen zu werden. Das Merkwürdige in diesem Fall war, daß er trotz seines Ärgers über Einar den Mann nicht als Feind betrachten konnte. Es gab viel bei Einar Thorgrimsson, das ihn ansprach. Der Mann hatte Verstand und wußte ihn zu gebrauchen. Olaf bewunderte die Art und Weise, wie er in kürzester Zeit einen prächtigen Hof aufgebaut hatte.

Einar sah als einziger die Gefahr der Abholzung. Er hatte danach gehandelt und seine Häuser aus Grassoden und Steinen hochgezogen. Wenn er nicht so ein lästiger Streitsucher wäre, würde er im Lagarfljótgebiet ein allgemein geachteter Mann sein, eine starke Persönlichkeit, die ein Gegengewicht zu dem nicht vertrauenswürdigen Uni Gardarsson bilden konnte. Das war jetzt mehr denn je vonnöten. Auch machte Einar einen ehrlichen Eindruck. Er zeigte seine Gefühle überdeutlich – aber er würde keine feige List gebrauchen, um den anderen in eine Falle zu locken. Ganz abgesehen von all diesen Überlegungen wußte Olaf, daß er, wenn seine eigenen Pläne nach Wunsch verliefen, in Zukunft regelmäßig mit Einar verkehren mußte. Mit Einar konnte nur der verkehren, den er achtete.

Olaf fiel endlich in einen unruhigen Schlaf. Als sich das Langhaus belebte, erwachte er mit Kopfschmerzen. Beim Dämmerlicht des frühen Morgens stand Astrid auf, um die Kinder zu versorgen und das Frühstück für die Männer fertig zu machen. Olaf lauschte den vertrauten Geräuschen um ihn herum ganz anders als sonst. Er wußte, daß es das letzte Mal sein konnte. Energisch verdrängte er die düsteren Gedanken, stand auf und ging hinaus. Es war schon recht kalt morgens. Olaf steckte seinen Kopf in kaltes Wasser, um das Kopfweh zu vertreiben. Danach kehrte er in das Langhaus zurück, um zu frühstücken.

Astrid war die ganze Woche damit beschäftigt gewesen, Milch zur Skyr zu verarbeiten. Als Olaf hineinkam, hatte sie gerade den Kalbsmagen aus der Milch genommen, der als Lab gedient hatte, und siebte die geronnene Milch durch ein Tuch. Olaf blieb stehen und sah zu, wie sie den dicken Skyr in ein Faß laufen ließ und die Syra in einen Eimer abgoß.

»Ich muß heute weit weg«, sagte er, »ich werde vielleicht erst am Abend zurück sein. Willst du mir den Wassersack mit Syra füllen?«

Astrid sah ihn erstaunt an. Die Syra war eine Leckerei, mit der immer sparsam umgegangen wurde, und sie war nicht gewöhnt, daß Olaf für sich etwas Leckeres erbat. Bevor sie antworten konnte, bekam sie erneut Grund, sich zu wundern. »Ich kann Varou nicht mitnehmen. Halt ihn auf dem Hof, willst du?«

Sie fragte nicht. Eine vage Unruhe beschlich sie, eine Unruhe, die ihr ans Herz ging, als sie ihn kurz darauf wegreiten sah. Er sprang in den Sattel, schickte den Hund mit einem kurzen Befehl zurück und ritt fort, ohne sich umzusehen. In der Türöffnung stehend, sah sie ihm nach, bis er ihr aus den Augen verschwunden war. Der Hund neben ihr jaulte. Zusammen standen sie da im kalten Wind mit dem vagen Gefühl, daß etwas Schlimmes geschah, ohne zu wissen, was. Erst als sie die Tür schloß, fiel ihr ein, daß er bewaffnet gewesen war.

Ein rauher Herbstwind wehte über die Ebene. Mit donnernder Gewalt stürzte der Wasserfall in die Tiefe. Feine Wolken aufspritzenden Wassers schlugen Olaf eisig ins Gesicht. Sie standen sich gegenüber mit einem Schwert bewaffnet und mit einem Schild in der linken Hand.
»Mann von Angia«, sagte Einar, und aus seiner Stimme klang gespannte Erwartung, »nun werden wir endlich feststellen, wer von uns der Stärkere ist.«
»Vermutlich du«, antwortete Olaf ruhig. »Mindestens, wenn es auf die Körperkräfte ankommt.«
Der andere wurde daraufhin sofort wütend. »Wenn du mit dem Schwert so geschickt bist, wie mit Worten, hast du vielleicht noch eine Chance.«
»Ich meine, Einar Thorgrimsson, daß ich den Kampf nicht gewollt habe und daß es kein Zeichen von viel Verstand ist, wenn man einander wegen nichts und wieder nichts nach dem Leben trachtet.«
»Dein anmaßendes Geschwätz langweilt mich schon ewig. Hast du noch einen letzten Wunsch, bevor ich dir das Leben nehme?«
Es hat keinen Sinn, dachte Olaf. Mit diesem Mann kann man kein normales Gespräch führen, solange er keine Achtung vor mir hat. Und er verachtet mich, weil er denkt, daß ich vor ihm bange bin.
»Wenn ich falle, grüße Helga von mir. Ich schenke ihr Varou – sie ist die einzige auf Island, die mit dem Hund umgehen kann.«
Einar wurde rot vor Wut. Seine Vermutung, daß zwischen seiner eigenwilligen Schwester und dem Mann von Angia ein Einvernehmen bestand, wurde bestärkt. Wenn es etwas gab, das Einar in letzter Zeit rasend gemacht hatte, dann war es sicher die ständige Weigerung seiner Schwester, den mächtigen Sigmund zu heiraten. Die in jeder Hinsicht ehrenvolle Verbindung würde das Ansehen von Thorgrims Haus merklich erhöhen. Einar hatte Helga in Verdacht, daß sie schon den etwas älteren Priester des Freyr mit dem jungen Olaf von Angia verglich, und daß dieser Vergleich zugunsten des letzteren ausgefallen war. Seit sein Vater nicht mehr gut vorankam, betrachtete Einar sich als Familienoberhaupt, das das Recht hatte,

über alle zu bestimmen, die seiner Leitung anvertraut waren. Aber wenn Helga nein sagte, dann bedeutete das wirklich nein. Sie war mindestens ebenso stolz wie er und ließ sich von niemandem vorschreiben, wie sie ihr Leben gestaltete.
»Stirb dann!«
Olaf hatte seinen Gegner keinen Augenblick unbeobachtet gelassen. Man hatte ihm in frühester Jugend beigebracht, daß man einem Gegner immer in die Augen sehen mußte. Die Augen verraten den Augenblick, in dem er angreift. Es war, als ob er die Stimme seines Großvaters ganz deutlich hörte. »Nicht auf die Hände gukken – blick fest in die Augen! Laß dich nicht ablenken!«
Einars Arm schoß gegen Olafs Brust, aber Olaf hatte den Angriff ganz kurz zuvor kommen sehen und wehrte den Schlag ab. Man hörte den Klang von Metall auf Metall aus dem Brausen des Windes und dem Donnern des Wassers heraus. Einar trat einen Schritt zurück, griff wütend aufs neue an. Durch die gewaltige Kraft, mit der er sein Schwert gebrauchte, schlug er ein Stück aus Olafs Schild heraus.
Olaf beschränkte sich auf seine Verteidigung. Er wußte, daß er den andern damit ermüdete, daß Einar stets wütender werden würde und dadurch unvorsichtiger. Diese Art zu kämpfen, die ihm seinerzeit Sven Haraldsson beigebracht hatte, trug jetzt Früchte.
Auf den nassen, glatten Steinen sprang Olaf einmal nach vorn, dann wieder zurück und wehrte Schlag um Schlag ab. Beide Männer schwitzten vor Anstrengung. Einar war so sehr von dem Angriff gefesselt, daß er sogar vergaß, seine gehässigen Bemerkungen auszustoßen. Es gab keinen Zeitbegriff mehr. Dunkle Wolken, vom Wind getrieben, warfen ihre düsteren Schatten über Land und Wasser. Ab und zu glänzte die Sonne wässerig auf beiden Schwertern. Olaf wich aus – wehrte ab – fing mit seinem übel zugerichteten Schild Schwertschläge ab.
Als Einar sich zu viele Blößen gab, um das Ende des Streits zu beschleunigen, schlug Olaf zu. Er verwundete seinen Gegner, der nicht mit diesem Angriff gerechnet hatte, an der rechten Schulter, aber der Mann war so stark wie ein Bär, obwohl ihm das Blut am Arm hinunterlief, umklammerte er seinen Schwertgriff mit eiserner Hand und sprang wild nach vorn, um Olaf am Hals zu treffen. Olaf sah das rechtzeitig kommen und wich etwas zurück. Auf dem nassen Felsen glitt Einar mit dem linken Fuß aus. Als er versuchte, das Gleichgewicht zurückzugewinnen, setzte er den rechten Fuß

zur Seite, verrenkte ihn und glitt auf dem nassen Moos aus. Das Schwert fiel ihm aus der Hand; sein Kopf schlug auf einen Granitblock auf. Sein Körper hing über dem Rand des Wasserfalls . . . Wenn Olaf ihn nicht im letzten Augenblick an einem Fuß gepackt hätte, wäre er bewußtlos in den Abgrund gestürzt.
Olaf wischte sich den Schweiß von der Stirn. Einen Augenblick lang drehte sich alles um ihn. Langsam ließ er sich auf einen Felsblock gleiten. Seine Füße wurden naß – es machte ihm nichts aus. Der Wind strich über sein verschwitztes Gesicht. Ihn fröstelte – er wußte, daß es nicht nur vom Wind kam.
Bis jetzt hatten ihm die Götter zur Seite gestanden. Sein Gegner war unschädlich gemacht – dennoch hatte es keinen Toten gegeben. Seine Ehre war gerettet und auch sein Leben.
Der Mann neben ihm war immer noch bewußtlos. Blut tropfte aus dem Ärmel seines Kirtels. Olaf schnitt das untere Ende des Ärmels ab und verband die große Fleischwunde damit. Dann schöpfte er etwas Wasser in der hohlen Hand und ließ es über Einars Stirn laufen. Es dauerte geraume Zeit, bis Einar der Fechter die Augen aufschlug. Er sah die dunklen Wolken, die immer wieder die Sonne bedeckten, danach die Sträucher, und als er seine Augen langsam weitergleiten ließ, blieben sie an Olaf Sigurdsson haften, der mit dem Rücken an einen Felsen gelehnt saß. Stechende Kopfschmerzen und ein steifer Arm holten ihn in die Wirklichkeit zurück. Langsam kam ihm zu Bewußtsein, was mit ihm geschehen war. Der Haß, mit dem er Olaf angegriffen hatte, hatte einem Gefühl großer Verwunderung Platz gemacht – Verwunderung und Demütigung. Er bewegte seine gesunde Hand, versuchte auf die Beine zu kommen. Nachdem die Sterne vor seinen Augen verschwunden waren, sagte er mit einer Stimme, die er kaum als die seine wiedererkannte:
»Warum hast du nicht Schluß gemacht, Olaf Sigurdsson? Besser das Leben verloren als die Ehre.«
Olaf schluckte. Was er jetzt sagte, würde für seine Zukunft entscheidend sein.
»Ich möchte nicht durch deine Kurzsichtigkeit in eine Blutfehde verwickelt werden.«
Rasende Kopfschmerzen hinderten Einar daran, sofort zu antworten. Ihm war schwindlig. Er wußte nicht, wie ihm geschah. Olaf hatte ihn von der ersten Begegnung an gereizt. Einar hatte nichts anderes erwartet, als daß er mit diesem Kampf den Mann, der

ihm lästig war, aus dem Weg räumen würde. Jetzt wo es anders gekommen war, konnte er sich nicht vorstellen, daß Olaf ihm nicht das Leben genommen hatte. Wieder sagte er: »Ich bin lieber tot, als daß ich diese Schande ertrage.«

»Du bist reichlich kurzsichtig, Einar Thorgrimsson! Du findest deine gekränkte Eitelkeit wichtiger als deine Verpflichtung gegenüber deiner Sippe. Von dir hängen nun zwei Familien ab; im Lagarfljótgebiet sind starke Persönlichkeiten als Gegengewicht zu Uni dem Dänen vonnöten. Und was tust du? Anstatt deine Kräfte einzusetzen, wo sie gebraucht werden, läßt du es wegen nichts und wieder nichts auf eine Blutfehde ankommen, in der die besten Kämpfer fallen. Laß Uni Gardarsson nur Jarl werden! Laß ihn König Harald ruhig nach Island holen . . . Ich dachte, daß wir hier ein Leben in Freiheit führen – ein gutes Auskommen auf eigenem Grund haben können . . . Ich habe mich geirrt. Die besten von uns werden Harald nicht abwehren können, wenn er kommt, sie sind zu sehr damit beschäftigt, einander auszurotten . . . «

Es dauerte geraume Zeit, bevor Einar antwortete. Sein Verstand sagte ihm recht deutlich, daß Olaf recht hatte – wie aber sollte er sein Gesicht wahren? Wie konnte er verhindern, daß er in den Augen der Siedler lächerlich wurde, daß sie hinter ihm herzeigten: Dort geht Einar der Fechter – er hat bei Olaf von Angia den kürzeren gezogen – er konnte seine Ehre nicht verteidigen!

»Ich will mein Leben nicht der Gnade meines Gegners verdanken!«

In den Wolken des aufspritzenden Wassers erschien undeutlich ein Gesicht. Es nahm Gestalt an. Olaf sah es ganz deutlich – er erkannte es und hörte die Stimme wie aus weiter Ferne: »Das Leben ist keine Gunst, es ist ein Auftrag.«

Hatte Einar das auch gehört? Hatte er das Gesicht auch gesehen? Einar blickte zur Seite. Es war nicht zum ersten Mal, daß Olaf eine solche Erscheinung hatte. In vielen schwierigen Augenblicken seines Lebens hatte er das Zweite Gesicht gehabt – hatte er sich davon leiten lassen. Ohne darüber nachzudenken, wiederholte er die Worte, die er gerade vernommen hatte: »Das Leben ist keine Gunst – es ist ein Auftrag!« und er fügte hinzu: »Du kannst dich den Pflichten deiner Familie gegenüber nicht entziehen. Ein toter Mann hat nicht viel Wert!«

Als der andere weiterhin schwieg, mühsam mit sich ins Reine zu kommen versuchend, sprach er rasch weiter:

»Niemand außer Runolf vom Schmied weiß von dieser Begegnung, und Runolf hält seinen Mund, wenn ich das will. Was hier zwischen uns vorgefallen ist, wird nie jemand erfahren. Ich habe dir nichts in den Weg gelegt. Von Anfang an hast du auf einen Zweikampf zugesteuert, nicht ich. Ich hätte dich töten können, gewiß. Nicht, weil du schwächer warst als ich, sondern weil du im Zorn nicht nachdenkst. Ich habe dein Leben nicht geschont, weil ich so weichherzig bin, sondern weil ich nicht mit einem Familienangehörigen meiner zukünftigen Frau in eine Blutfehde verwickelt sein will.«
Nachdem er gesagt hatte, was er auf dem Herzen hatte, stand Olaf auf und ging zu der Stelle, wo sie die beiden Pferde zurückgelassen hatten. Er stieg ruhig auf, nahm Einars Pferd beim Zügel und kehrte zum Wasserfall zurück, wo dieser inzwischen auf die Beine gekommen war und sich schwankend an den Felsen lehnte.
Einar Thorgrimsson, immer rasch dabei mit seinen gehässigen Bemerkungen, seinen schnellen Äußerungen, wußte nichts zu sagen. Ganz deutlich spürte er die Überlegenheit des andern. Es war eine seltsame Erkenntnis für einen Mann, der nicht umsonst den Beinamen der Fechter bekommen hatte. Mühsam stieg er in den Sattel.
»Wir reiten jetzt zurück«, sagte Olaf. »Bevor du heimziehst, werden wir Blutsbrüderschaft schließen. Nicht, weil ich dich besonders mag, sondern weil ich verhindern möchte, daß wir jemals wieder miteinander kämpfen. Ich bitte dich, Helga meinen Heiratsantrag zu überbringen. Im Frühjahr ist mein Langhaus bereit. Sobald der Fjord eisfrei ist, segele ich aus, um eine Handelsreise zu unternehmen. Danach hoffe ich, sie als meine Frau heimführen zu können.«
In Einar dem Fechter ging eine Wandlung vor. Die Art, mit der der Mann von Angia, ohne darum herum zu reden, geradewegs auf sein Ziel losging, sprach ihn an. Dieser Mann, der wie man jetzt sah, keineswegs bange vor ihm gewesen war, hatte schon monatelang gewußt, was er wollte, und danach gehandelt. Einar wußte einen solchen Gegner zu schätzen. Dennoch konnte er es nicht unterlassen, in etwas gehässigem Ton zu sagen: »Meine Schwester Helga ist keine Frau, die über sich bestimmen läßt. Du wirst ihre Antwort abwarten müssen.«
»Bevor ich die Überfahrt antrete, komme ich, mir diese Antwort zu holen.«
Es wurde schon dämmerig, als sie nach einem langen Ritt den

Eyjafjördur wieder erreichten. Sie hatten unterwegs kein Wort mehr miteinander gewechselt.

Bei dem Hof, wo die Mannschaft des Knörrs beherbergt wurde, ließ sich Olaf aus dem Sattel gleiten. Die Bäuerin kam ihm entgegen. »Einar Thorgrimsson hat beim großen Wasserfall einen Unfall gehabt«, sagte er. »Ich habe seinen Arm notdürftig verbunden, es muß unbedingt Wegerich darauf, um eine Entzündung zu vermeiden.«

Als er auf dem Heimweg an Stigandis Schmiede vorbeikam, wartete Runolf auf ihn. Der Junge war sichtlich erleichtert, Olaf lebend im Sattel sitzen zu sehen.

»Hast du . . . ihn erschlagen?«

Olaf hielt sein Pferd an. »Einar und ich haben unsere Meinungsverschiedenheiten aus der Welt geschafft«, sagte er, das nicht näher erläuternd. »Du bist der einzige, der davon weiß. Ich wünsche, daß du mit niemandem darüber redest, und wenn du Einar siehst, tu so, als ob du von nichts wüßtest.«

Der Junge wunderte sich eben. Er wollte noch etwas fragen . . . da sah er Olafs wie aus Holz geschnitztes Gesicht.

»Niemand hat bisher Runolf vom Schmied einen Schwätzer genannt«, sagte er.

Olaf schlug dem Jungen auf die Schulter. »Ich zähle auf dich. Gute Nacht.«

Erst jetzt, als er allein am Fjord entlang zu Ornolfs Hof ritt, war er zufrieden. Er hatte lange an sich gehalten, lange versucht, dem drohenden Zwist aus dem Weg zu gehen. Als das nicht mehr länger möglich war, hatte er ernsthaft damit gerechnet, den Abend nicht mehr zu erleben. Jetzt, wo alles vorbei war, und die große Spannung von ihm abfiel, überwog die Freude – Freude und Frohsinn. Das Leben war wieder gut. Die Zukunft sah hoffnungsvoll aus. Der Winter stand vor der Tür, ein Winter, in dem er an seiner eigenen Zukunft, an seinem eigenen Haus bauen würde. Er hätte am liebsten noch in dieser Nacht angefangen . . .

Zwei Tage später fuhren Olaf und Einar in dem Currach über den Fjord nach Olafs Land. Sie landeten an der Stelle, wo das heiße Wasser aus dem Boden trat, befestigten das Currach und gingen durch das Gras bis an den Waldrand. Dort hatten Olaf und Runolf am Tag zuvor eine lange Grassode aus dem Boden herausgeschnitten, so daß beide schmalen Enden am Boden hängen blieben. In der Kuhle, die sie darunter gegraben hatten, konnte man nun einen Speer aufstellen, der so lang war, daß ein Mann mit ausgestreckter Hand den Nagel anfassen konnte, womit das Blatt des Speers am Schaft befestigt war.

Die Sonne hatte in diesem Augenblick ihren höchsten Stand erreicht. Um sie herum herrschte Stille. Weit und breit war kein Mensch zu sehen.

Olaf und Einar sprangen in die Kuhle unter die Grassode. Ohne zu sprechen, schnitten sie sich selbst mit dem Dolch in den Unterarm. Das Blut ließen sie auf die Erde tropfen. Dann nahmen sie einen Stock und verrührten ihrer beider Blut mit der Erde.

Das uralte Ritual der Blutsbrüderschaft war ihnen beiden vertraut. Auf Angia hatte Olaf auch solche Befestigungen der Blutsbrüderschaft zwischen Wikingern miterlebt.

Beide knieten nieder und schwuren den Eid, daß einer dem anderen beistehen sollte, als ob es um seinen eigenen Bruder ginge, und sie riefen alle Götter als Zeugen ihres Gelöbnisses an. Danach reichten sie einander die Hand. Die Feierlichkeit war in wenigen Augenblicken vorbei. Die Vorbereitungen hatten viel mehr Zeit erfordert.

Einar Thorgrimsson würde jetzt keine Händel mehr mit dem Mann suchen, den er zu achten gelernt hatte. Sie würden niemals echte Freunde werden. Dazu war Einar zu eifersüchtig. Er würde es immer schwer verkraften, daß ihm ein anderer gewachsen war – ihm in mancherlei Hinsicht überlegen war. Aber er hatte Olaf Sigurdsson von Angia achten gelernt. Ein Bündnis aufgrund gegenseitiger Achtung kann manchmal fruchtbarer sein, als eines auf gegenseitiger Zuneigung. Dennoch hatten Einar, der Hitzkopf, und Olaf, der Bedächtige, viele gemeinsame Eigenschaften. Die wichtigsten waren ihre Aufrichtigkeit und daß sie gewissen Gefahren rechtzeitig die Stirn boten. Sie gehörten zu der besten Sorte von Siedlern, zu

den Männern, die die isländische Lebensgemeinschaft einmal groß machen würden.
Auf dem Rückweg sprach Olaf über seine Zukunftspläne. »Du kennst mich jetzt gut genug, du weißt, was ich leisten kann und wie groß mein Land ist. Ich werde nichts unversucht lassen, Helga eine ihr würdige Stellung am Eyjafjördur zu schaffen. Ich traue dir zu, daß du auch Thorgrim den Mächtigen in Hinsicht auf eine Heirat von Helga und mir günstig stimmen kannst.«
Einar, der sich so oft geärgert hatte, daß sich seine Schwester von ihm nicht maßregeln ließ, sondern sehr selbstbewußt ihren eigenen Weg ging, dieser Einar sagte nun mit unverhohlenem Stolz: »Du mußt damit rechnen, daß Helga Thorgrimsdottir nicht die erste beste ist. Sie besitzt den Stolz der Frauen aus dem alten Vaterland. Sie hat einen ausgeprägten eigenen Willen. Es kommt also zuerst darauf an, was sie von einer möglichen Verbindung hält.«
Olaf lächelte. »Ich vertraue darauf, daß sie meinen Antrag annimmt.« Würde sie das? Hatte sie selbst schon Gedanken in der Richtung gehabt und darum eine Verbindung mit Sigmund abgelehnt? Das weiß man nie bei Helga, dachte ihr Bruder. Sie konnte reiten wie ein Mann, schießen wie ein Mann; dachte sie auch wie ein Mann? Auf eine solche Frage kann ein Bruder nicht antworten. Das würde Olaf Sigurdsson im Frühjahr selbst erfahren.
Auf dem Rückweg sprachen die neuen Bundesgenossen nur über die Bedrohung, die von Uni Gardarsson gegen die Freiheit der Bauern rund um den Lagarfljót ausging.

Schwere Schneestürme leiteten den frühen Winter ein. Rasch danach kam das Eis. Die Bauern am Eyjafjördur waren von der Umwelt abgeschnitten. Aber nun waren sie darauf vorbereitet und hatten Gelegenheit gehabt, genug vorzusorgen, um den rauhen Winter durchzustehen. Jeden Tag überquerte Olaf den vereisten Fjord und arbeitete, solange es einigermaßen hell war, an seinem Haus. Oft gingen Ornolf und seine Knechte mit. Es wurde ein gutes und festes Haus nach dem Vorbild von Thorgrims Hof am Lagarfljót. Olaf war der erste am Eyjafjördur, der die Wände seiner Wohnung aus Grassoden errichtete. Auf diese Weise sparte er das Holz vieler Bäume und brauchte nur für die innere Holzverkleidung und das Dach sorgfältig ausgesuchtes Birkenholz.
Es gab Tage, an denen er nur kurze Zeit an seinem Haus arbeiten konnte, der großen Kälte oder des Neuschnees wegen. Oft jagte er

Füchse, die die Schafe angriffen. Zur Zeit der Wintersonnenwende wurden bei Stigandi Feste gefeiert, wobei auf dem Eis Knattleikr gespielt wurde. Helgi der Magere hielt in der Weihnachtszeit einen christlichen Gottesdienst ab, was ihn aber nicht hinderte, auch an den Sonnwendfeiern teilzunehmen.
Die Frauen waren im Winter genauso beschäftigt wie im Sommer. Sie webten Vádmál, der in kurzer Zeit im Ausland berühmt geworden war. Auf diese Weise sorgten sie mit ihrer Hände Arbeit für eine gute Geldquelle. Auch Stigandi hatte im Winter genug zu tun. Er besserte Waffen und landwirtschaftliche Geräte aus, verfertigte neue und verlegte sich darauf, Schmuckstücke und Amulette zu schmieden, oft aus kostbarem Silber, manchmal sogar aus Gold. Die Bauern hatten am wenigsten zu tun. Nach den Ausbesserungsarbeiten an Haus und Stall langweilten sie sich rasch. Obwohl gegen Ende des Winters die Nahrungsmittel etwas knapp wurden, blieb die Hungersnot im Eyjafjördurgebiet wenigstens aus. Die Holzknappheit bewirkte, daß mehr und mehr Mist und Vogelüberreste als Brennstoff benutzt wurden, was zwar die Kälte vertrieb, aber auch einen abscheulichen Gestank verursachte, ein Ungemach, an das man sich tatsächlich gewöhnen konnte.
Zum Frühjahr hin wurde das Knörr von Ornolf und Olaf, das auf das Ufer gezogen und aufgebockt worden war, erneut kalfatert und überprüft. Sobald der Fjord eisfrei war, wurde es zu Wasser gelassen.
Dann kam eines Abends Stigandi nach Ornolfs Hof. »Mein Sohn wird langsam erwachsen«, sagte er zu Olaf. »Ich möchte seine Erziehung mit einer Reise ins Ausland abschließen. Ich habe gehört, daß du ins Frankenland fahren willst und hätte gern, daß du meinen Sohn auf diese Reise mitnimmst. Vermiete ihm einen Teil deines Schiffsraumes! Er könnte isländische Ware hineinladen und diese im Ausland verkaufen.«
»Deine Bitte kommt gerade zur rechten Zeit«, antwortete Olaf. »Ich hatte eigentlich vor, dir einen ähnlichen Vorschlag zu machen. Runolf und ich kommen gut miteinander aus. Ich nehme ihn gern auf seine erste Auslandsreise mit.«
Das Knörr wurde beladen mit Vádmál, Seehundsfellen und Walhäuten, gesalzenem und getrocknetem Fisch, einem Eisbärfell, Elfenbein vom Wal, wofür hohe Preise bezahlt wurden, mit Eiern, Federn und sogar mit einigen lebenden Falken, die im Frankenreich bei der Jagd sehr begehrt waren.

In einer schweren Kiste, die an einem vor eindringendem Meerwasser sicheren Platz im Schiffsraum stand, nahm Runolf eine Menge Schmiede- und Edelschmiedearbeiten mit, von Stigandi verfertigte Stücke. Und in einer Hülle aus wasserdichtem Ziegenleder brachte Olaf die prächtige Handschrift der Mönche von Papey an Bord, die er nicht lesen konnte, wovon er aber vermutete, daß sie ein Teil der Heiligen Schrift war. Er hoffte, in Irland damit handeln zu können.

An einem windigen, hellen Tag fuhren sie aus. Der Drachenkopf, sorgfältig mit Tüchern umwickelt, lag unten im Schiffsraum, denn sie würden um Island herumfahren und noch einmal bei Papey anlegen. Sie wollten die Landgeister nicht erschrecken.

Ein Boot, das einmal eine bestimmte Strecke über das Meer hinter sich gebracht hat, findet immer wieder zurück. Aber darauf konnte Olaf nicht bauen, denn den Weg, den er zurücklegen wollte, hatte das Knörr noch nie benutzt. Es sollte zuerst nach den Färöern gehen, wo sie bei dem Kaufmann von Kvivik anlegen wollten, danach nach den Shetlandinseln und den Orkaden, den Wikingerreichen, wo er mit alten Bekannten von früher Erfahrungen austauschen wollte und Sippenmitgliedern von Helgi dem Mageren, Ketil Plattnase und seiner Tochter, Botschaften überbringen mußte.

Bei den Hebriden würde er die irischen Gewässer hinunterfahren und dann nach Adreni hinüber, der nördlichsten Insel der See von Aletha.

Es würde eine Fahrt voller Gefahren werden. Stürme, Dämonen der See, Kaperer und feindliche Volksstämme würden ihnen auflauern. Aber sie standen vertrauensvoll am Steuer, die beiden jungen Männer, die das Unternehmen leiteten: Olaf, mit Ornolfs Sólarstein, und Runolf mit dem Amulett, das sein Vater für ihn besonders geschmiedet hatte: mit dem Zeichen von Thor, dem Donnergott, dem Freund der Isländer, der ihn gegen viele Gefahren in Schutz nehmen sollte.

Ein starkes Zusammengehörigkeitsgefühl schmiedete die Mannschaft des Knörrs aneinander. Sie waren sich dessen bewußt, daß sie vorläufig auf ihrem Schiff – einem Pünktchen im Ozean – aufeinander angewiesen waren, daß sie miteinander siegen oder untergehen mußten. Gestern hatten sie noch beim Laden aufeinander geschimpft, um Kleinigkeiten gestritten – der eine hatte sich für stärker als der andere gehalten, für wichtiger, für mehr . . .

Am Beginn des großen Abenteuers, das sie zusammen erleben

würden, war das alles so unbedeutend; was jetzt zählte, waren Mut, Kraft, seemännische Tüchtigkeit – Kameradschaft. Nie waren sie einander so gleich wie an Bord ihres Drachenschiffes.
Was die Zukunft bringen würde, wußten nur die Götter, aber eins stand fest: Was auch sein würde – Ruhm oder Untergang – sie würden es zusammen erleben.

Helga Thorgrimsdottir saß hinter dem Webstuhl, arbeitete jedoch nicht. Das Tuch, mit dem sie beschäftigt war, wollte nicht wachsen. Ihre Hände lagen im Schoß. Es war sehr still in dem großen Langhaus am Lagarfljót. Nachdem die Männer fortgegangen waren, hatte sie die Unordnung beseitigt, die das Frühstück hinterlassen hatte und Stofa und Skáli gefegt. Es war hübsch aufgeräumt. Tatsächlich gab es für sie vorläufig nichts mehr zu tun. Die Specksteinurnen und die eisernen Töpfe waren sorgfältig aufgestapelt, die hölzernen Eimer und Fässer waren gescheuert, die Schlafsäcke aufgeräumt. Das Vieh war schon auf der Weide. Sie stand vom Webstuhl auf und ging durch das ganze Haus. Sie hatte es mit eigenen Händen aufzubauen geholfen, sie hatte als Herrin darin gelebt, seit sie am Lagarfljót waren. An diesem Abend würde sie nicht mehr Herrin sein, würde sie ihr Schlüsselbund der neuen Frau von Thorgrimshof übergeben.
In den Nebengebäuden hörte sie Stimmen. Die Knechte und Mägde waren mit den Vorbereitungen für ein großes Festmahl beschäftigt.
Es lag nahe, daß Einar nach dem Tode ihres Vaters früh im Winter den Plan gefaßt hatte, seine Frau, die immer noch auf ihrem Hof am Hornafjördur wohnte, nach Hengifoss kommen zu lassen. Helga war auch damit einverstanden. Es wäre unsinnig, wenn Einar, nachdem er Herr auf Thorgrimshof geworden war, bei seiner Frau auf Grimshof wohnen bliebe. Einar beschloß, im Frühjahr umzuziehen, nachdem Helga den Heiratsantrag von Olaf Sigurdsson angenommen hatte und am Eyjafjördur wohnen würde.
Egil, der Thorgrim ergebene Sklave, der aus dem alten Vaterland mitgekommen war, sollte die Freiheit bekommen und sich als Bauer auf Grimshof niederlassen. So war alles für jeden ausgezeichnet geregelt. Dennoch war Helga etwas wehmütig zumute, wo sie im Begriff war, ihre Stellung im Haus zu verlieren. Es würde ihr nicht leicht fallen, während der Wartezeit bis zu ihrer Heirat nicht mehr Herrin im Haus zu sein. Sie rechnete sich aus, wann sie heira-

ten konnte – es würde viele Monde dauern, bis Olaf von seiner Handelsreise zurückkam. Es war auch möglich, daß er nie mehr zurückkam. So viele verlobte Wikingerfrauen warteten vergebens auf die Heimkehr ihrer zukünftigen Ehemänner. Durch diese düsteren Überlegungen beunruhigt, ging sie zur Tür hinaus nach draußen. Das Gras auf dem Tún wuchs schon gut. Sie ging zum Laug, wo Thorgrim so oft Erleichterung bei seinen Schmerzen gefunden hatte. Sie ging weiter zum Seeufer. Der noch kalte Frühlingswind kräuselte die Wasseroberfläche. Irgendwo in der Mitte war eine dunkle Stelle als ob dort ein großes Monster wäre. Die Birkenbäume am anderen Ufer bekamen schon grüne Triebe. Würde der Eyjafjördur ebenso schön sein wie der Lagarfljót? Warum merkt der Mensch erst wie schön seine Umgebung ist, wenn er sie verlassen muß? Sie zwang sich, an etwas anderes zu denken. Eine Familie mit dem Mann seiner Wahl zu gründen, ist der Sinn des Lebens – und Olaf Sigurdsson war der Mann ihrer Wahl. Schon bei ihrer ersten Begegnung fühlte sie sich zu ihm hingezogen. Aber sie hatte damals so wenig Gelegenheit gehabt, ihn kennenzulernen. Erst bei seinem Besuch im letzten Frühjahr hatte sie mit ihm sprechen können, etwas mehr über ihn erfahren. Es hatte ihr in der Zwischenzeit nicht an heiratswilligen Männern gefehlt. Helga Thorgrimsdottir war eine gute Partie – selbst Godi Sigmund hatte sich mehrmals bemüht, Einars Zustimmung zu erlangen.
Helga lächelte, als sie an die Entrüstung ihres Bruders dachte, nachdem sie dieses verlockende Angebot einfach abgewiesen hatte. Nur der alte Thorgrim hatte sie verstanden – er kannte das eigensinnige Wesen seiner Tochter wie kein zweiter und achtete es.
Hufgetrappel weckte sie aus ihren Überlegungen. Ein Reiter kam auf dem Pfad daher. Mit einem Ruck drehte sie sich um, sah einen dunklen Schatten, der ihr durch das hohe Túngras entgegensprang. Ohne daran zu denken, daß sie ihre Würde aufs Spiel setzte, begann sie zu rennen. Ihre Röcke bliesen sich im Wind auf, und ihre langen Haare flatterten wie eine Fahne hinter ihr her.
Aller Trübsinn war wie durch einen Zauber vorbei. Ihre Augen strahlten, und als sie den Reiter erreicht hatte, der inzwischen aus dem Sattel gesprungen war, röteten sich ihre Wangen vom raschen Lauf und vor Freude.
»Willkommen, Olaf von Angia, willkommen auf Thorgrimshof . . .«
Er stand ihr jetzt etwas hölzern gegenüber. Er wußte nicht recht,

wie er sie begrüßen sollte, hätte sie am liebsten umarmt – tat es aber nicht.
Der Hund sprang an der Frau hoch, bellte und leckte ihre Hände mit seiner großen, roten Zunge.
Sie reichte ihm förmlich die Hand, die er fest in die seine nahm. »Es ist niemand zu Hause«, sagte sie, »wir hatten noch nicht mit dir gerechnet ... komm ... « Sie führte ihn am Laug vorbei, öffnete den Zaun um den Tún und ging mit ihm ein Stück in die Engjar hinein. Dort wo der zweite Wasserfall des Hengifoss mit donnernder Gewalt hinunterstürzte, brachte sie ihn auf einen Hügel. Rund um den kleinen Hügel waren Steine in den Boden eingelassen, die den Umriß eines Bootes bildeten ...
Die ganze Zeit über hatte sie nichts zu ihm gesagt, und auch er hatte geschwiegen, weil er nicht wußte, was sie von ihm erwartete. Bei dem Hügel setzte sie sich auf den Boden.
»Thorgrim ... «
»Bald zu Beginn des Winters ist er gestorben. Wir konnten ihn hier, so weit von der See entfernt, nicht in einem Boot begraben. Wir haben einen Hügel aufgeschüttet und Steine hineingesteckt, die den Umriß eines Bootes bildeten, dicht beim Wasserfall ... «
»Es tut mir leid – es tut mir leid, daß ich ihn nicht mehr wiedersehen kann.«
»Ich hatte ihn sehr gern«, sagte sie leise. »Doch es ist besser so. Thorgrim der Mächtige konnte sich nicht daran gewöhnen, als gebeugter Greis zu leben.«
Die Basaltsäulen im Felsen, über die das Wasser hinabstürzte, bildeten einen guten Hintergrund für das Schiffsgrab Thorgrims des Mächtigen. Die Sonne funkelte auf dem Wasser. Aus dem harten Gras lugten klitzekleine Blümchen hervor. Es war ein friedlicher, sonniger Morgen.
»Ich habe dich hierher gebracht«, sagte das Mädchen nach einiger Zeit, »weil alle wichtigen Beschlüsse hier auf dem Grab meines Vaters getroffen werden müssen. Einar hat mir deinen Heiratsantrag überbracht. Mein Vater wußte noch davon. Er war dir sehr zugetan und würde dir seine Zustimmung gegeben haben. Einar wird alles Förmliche mit dir ausmachen.«
»Wo ist Einar?« fragte er. »Können wir heute alles für unsere Verlobung regeln?«
Sie fing an, ausführlich über Dinge zu berichten, die sie beschäftigten. Und während sie von den großen Veränderungen sprach, die

im Hause bevorstanden, reifte ein Plan in ihr, ein Plan, wie er nur bei Helga Thorgrimsdottir entstehen konnte.
»Du bist gerade rechtzeitig gekommen, Olaf. Ich will dich heiraten, aber ich stelle eine Bedingung . . . «
Er sah in ihr aufgeregtes Gesicht und war sich deutlicher denn je bewußt, wie anziehend sie war. Was könnte sie verlangen, was er nicht erfüllen konnte? Dennoch sagte er in seiner bedächtigen Art:
»Wenn es irgend möglich ist, werde ich sie erfüllen.«
»Das kannst du leicht, Olaf. Versprich mir, daß du es tun wirst! Es ist mein einziger Wunsch . . . «
Kam dieses leicht schwindelige Gefühl in seinem Kopf von der Sonne auf dem Wasserfall, hatte er zu viel Met getrunken? Oder hatte sie ihn verhext, dieses junge kaum siebzehn Winter alte Ding? Er ging ohne weiteres in die Falle und wußte es.
»Ich verspreche es.«
»Nimm mich mit, jetzt, auf die See, ins Frankenland!«
Nicht einen Augenblick hatte er mit einer solch merkwürdigen Bitte gerechnet. Er war verwirrt – wollte sein einmal gegebenes Wort nicht zurücknehmen, meldete aber Bedenken an.
»Ich möchte dich schon mitnehmen – obwohl es natürlich nicht Brauch ist. Noch nie ist eine Frau mit auf Handelsreise gegangen. Was wird dein Bruder dazu sagen? Es ist gegen jede Regel . . .«
Sie schlang die Arme um seinen Hals, gab ihm einen Kuß.
»Großartig«, sagte sie, als ob die Sache entschieden wäre. »Großartig, Olaf, ich werde dir an Bord nicht lästig fallen. Ich kann schießen wie ein Mann und reiten wie ein Mann, ich liebe die See. Ich werde dir nicht im Wege sein . . .«
»Dein Bruder«, sagte er noch matt, »es ist nicht üblich. Erst Verlobung, dann Wartezeit. Und danach will er natürlich eine große Hochzeit veranstalten. So sind die Bräuche . . .«
Sie tanzte wie ein Kind mit Varou durch das Gras, der dachte, daß sie ein Spielchen mit ihm machte. »Ach, was – Einar . . . der hat anderes im Kopf, der wird froh sein, wenn er mich los wird. Was meinst du, wenn zwei Frauen in nur einem Haus leben – das ist doch genauso wie zwei Masten auf einem Drachenschiff! Das gibt nur Streit. Einar ist damit zufrieden . . . Er muß zufrieden sein, denn ich will es so!«
Sie setzte sich wieder neben ihn, verschwörerisch ihre Pläne ausschmückend.
»Ich will jetzt heiraten – die Wartezeit – das ist nicht nötig. Wir ver-

loben uns und heiraten gleichzeitig. Heute abend kommt er mit den Leuten von Grimshof, mit seiner Frau und einem Teil seines Viehs. Man bereitet hier schon ein Festmahl zu Ehren der neuen Bewohner. Wir machen einfach ein doppeltes Fest daraus, dann kann ich mit dir, auf See, ins Frankenreich.«

Er versuchte erst gar nicht mehr ernsthafte Schwierigkeiten zu machen. Wollte er es überhaupt? Was sie sagte, war vollkommen richtig. Sie würde ihm an Bord gewiß nicht lästig fallen, im Gegenteil. Und hier auf dem Hof mit der neuen Herrin würde sie nur unglücklich sein. Natürlich würden sie Gefahren die Stirn bieten müssen – aber war es auf dem Knörr gefährlicher als hier auf dem Hof, wo sie der Verrat Uni Gardarssons jeden Augenblick in Schwierigkeiten bringen konnte, während die Blutfehde wegen Grims Tod noch nicht beendet war?

Je länger er über diesen Vorschlag nachdachte, desto anziehender wurde er auch für ihn. Es ging etwas davon aus, das ihn mitriß, das seine bedächtige Art zu sprechen und zu handeln durchbrach, das ihm jungenhafte Fröhlichkeit verlieh. In Gedanken segelte er in die Bucht von Angia ein. Er hatte auf Island einen guten Anfang gemacht. Sein Haus war bereit, sein Grund und Boden bearbeitet. Er wollte beim Oberhaupt seines Geschlechts Rechenschaft ablegen – und er würde seine Frau bei sich haben, eine Frau wie es auf Island keine zweite gab.

Zunächst einmal legte er seinen Arm um ihre zarten Schultern und zog sie an sich.

»Ich nehme dich mit«, sagte er. »Ich nehme dich mit in das Land meiner Kindheit – zum Oberhaupt meiner Sippe. Danach bauen wir am Eyjafjördur an unserer Zukunft. Das Leben wird gut . . .«

Sie legte den Kopf auf seine Schulter. Aller Trübsinn von diesem Morgen war verschwunden. Die Sorge glitt von ihr ab. Sie war wieder siebzehn, und die Zukunft lag vor ihr.

17 DIE VOLVA

Einar machte nicht allzu viele Schwierigkeiten. Als er bei seiner Rückkehr mit seinem Gefolge von Grims Hof Olaf Sigurdsson antraf und von seiner ungestümen Schwester sofort überrumpelt wurde, stimmte er rasch zu. Helgas Handlungsweise war sehr ungebräuchlich – aber war nicht jeder, der sie kannte, schon längst daran gewöhnt, daß die Kinder des Mächtigen höchst eigensinnig waren und immer anders als üblich handelten?

Als Familienoberhaupt war es Einar, der mit Olaf die Hochzeit absprach und mit Handschlag besiegelte. Die Heirat wurde noch am selben Abend feierlich bekanntgemacht – von einer Verlobung mit Wartezeit wurde abgesehen.

»Aber nicht von dem Hochzeitsfest«, verlangte Einar. »Als Familienoberhaupt bestehe ich darauf, für meine einzige Schwester ein angemessenes Hochzeitsfest auszurichten – ein Fest, zu dem ich alle Familienangehörigen und alle meine Freunde einladen möchte.«

»Das wird dann nach unserer Rückkehr aus dem Frankenland sein«, versprach Olaf. »Ein Fest bei der Heimkehr nach einer hoffentlich glücklichen Handelsreise!«

Dann nahm er seine Mantelspange ab und legte sie in Helgas Hand. »Nimm das von mir an diesem wichtigen Tag«, sagte er. »Es ist mein liebster Besitz, ein Sinnbild vom Streit zwischen Gut und Böse.«

Besonders Sigrid, Einars Frau, war mit der Regelung sehr zufrieden. Die Schlüsselübergabe fand noch vor der Hochzeit statt. Es gab Grund genug, an diesem Abend beim Willkommensmahl, das nun zugleich ein Hochzeitsmahl wurde, dem Met und dem Beerenwein tüchtig zuzusprechen. Sie saßen rund um das Langfeuer in der Skáli und lauschten dem Skalden, der mit der Gesellschaft vom Hornafjördur gekommen war. Er besang die Abenteuer von Floki Vilgerdarson und Ingolf Arnarson, sang alte Eddalieder und sagte Sprüche von Odin auf.

Es war schon tief in der Nacht, als an der Tür der Skáli geklopft wurde. Das Stimmengewirr verstummte. Schwankend stand Einar auf, um die Tür zu öffnen.

Auf der Schwelle, geheimnisvoll vom flackernden Langfeuer und der rauchenden Kóla in Einars Hand beleuchtet, stand eine seltsame Erscheinung in einen blauen Mantel gekleidet, der auf der

Schulter mit einer silbernen Mantelspange zusammengehalten wurde. An den Rändern entlang war der Mantel bis zum Saum hinunter mit Edelsteinen verziert.
Man sah der Frau an, die sicher schon fünfzig Winter gelebt hatte, daß sie einen langen Ritt hinter sich hatte. Das stolze Gesicht mit der hohen Stirn sah müde aus. Als sie über die Schwelle stapfte, stützte sie sich schwer auf einen Stab mit einem in Bronze gefaßten Knauf, der auch mit Edelsteinen verziert war. Ihre Stimme klang angenehm und war bis in die entfernteste Ecke der Skáli gut verständlich, als sie sagte: »Wenn eine neue Frau auf Thorgrims Hof einzieht, ist eine Seherin sicher willkommen.«
Einars Haltung war ehrerbietig. »Es ist uns eine Ehre, euch unter unserm Dach Gastfreundschaft anzubieten«, sagte er, während er sie zu seinem eigenen Ehrensessel geleitete. »Woher kommt ihr so spät in der Nacht?«
Sie richtete ihre großen hellgrauen Augen mit einem seltsam starren Ausdruck auf das Windauga.
»Fragt man den Wind, woher er kommt? Arnora ist immer unterwegs.«
Die Männer und Frauen um das Langfeuer schwiegen ehrfürchtig. Die Frau, die sich Arnora nannte, hatte ihren Mantel und ihre schwarze, mit weißem Fell eingefaßte Kopfbedeckung aus Schafwolle abgelegt. Sie trug einen Korkgürtel, an dem ein großer Beutel hing, in dem rappelte es, wenn sie sich bewegte.
Einar befahl einem seiner Knechte, ihr Pferd zu versorgen, und eine Frau brachte Speisen und Getränke herbei, um den verfrorenen neuen Gast zu bewirten, wie es sich gehörte. Obwohl sich die Männer und Frauen in der Skáli wieder unterhielten, war aller Lärm verstummt.
»Einar«, flüsterte Helga ihrem Bruder zu, »frage sie nicht nur nach der Zukunft für Thorgrimshof, sondern auch für uns – für Olaf und für mich.«
Einar nickte. Er wartete, bis die Frau genug gegessen hatte und neu aufgetragene Schüsseln zurückwies.
»Daß ihr gekommen seid, ist für meine Frau und für mich eine große Freude«, sagte Einar. Die Wirkung des Mets, der ihn anfangs schwindelig gemacht hatte, war verschwunden wie Schnee vor der Sonne. Er konnte vollkommen klar denken. »Wollt ihr für uns in die Zukunft sehen? Wollt ihr eure Augen auf die Menschen und das Haus und die Ställe richten und auch die Geister über die Reise

befragen, die meine Schwester mit ihrem Mann ins Frankenland machen wird?«
Arnora ließ ihre Augen über die Skáli gleiten. Ihre langen, schlanken Finger spielten mit der schweren Glasperlenkette.
»Ich muß erst eine Nacht unter eurem Dach zubringen«, antwortete sie nach einiger Zeit. »Gib mir morgen ein Essen aus Grütze und Ziegenmilch, ein Hauptgericht von Herzen jeder Tierart, die auf eurem Hof vertreten ist! Danach werde ich für euch in die Zukunft sehen, wenn sich mir die Geister offenbaren wollen.«
Ganz unter dem Eindruck der geheimnisvollen Seherin gingen die Männer und Frauen auseinander, jeder zu seinem Schlafplatz. Einar und Sigrid brachten die Seherin in das besonders für Ehrengäste eingerichtete Gemach. Die Dienstleute verschwanden in Richtung der Nebengebäude.
Der Himmel über dem Hof bezog sich. Es fing kräftig an zu wehen. Der Wind heulte um die Gebäude und rüttelte an dem Grasdach. Ein Blitz erleuchtete den ganzen Lagarfljót. Danach rollte der Donner. Ein Zittern lief durch die Erde.
Helga lag in ihrem Schlafsack in der Stofa, den Kopf auf Olafs Arm gebettet. Sie hörte das Donnergrollen, ohne daß es sie ängstigte. Die Erde bebte dreimal in dieser Nacht – aber auch das konnte sie nicht schrecken. Sie stand am Anfang eines großen Abenteuers. Sie war voller Erwartung, voller Neugierde. Die Ereignisse dieses Tages hatten jeden und nicht zuletzt sie überrumpelt. Seit dem Tode Thorgrims im letzten Herbst hatte sich nichts besonderes auf dem Hof ereignet. Ein Tag glich dem anderen. Und nun geschah auf einmal alles zugleich. In der Zeit, die zwischen Sonnenaufgang und -untergang verstrichen war, war ihr Leben von Grund auf verändert worden. Sigrid war gekommen und hatte sie von ihrem Platz verdrängt. Es kränkte sie nicht. Sie war nun die Frau von Olaf Sigurdsson von Angia. Sie würde sein Leben teilen, seine Abenteuer. Die Ankunft Arnoras, der Seherin, konnte nur ein gutes Vorzeichen sein. Olaf neben ihr schlief. Sie hörte sein regelmäßiges Atmen. In dem matten Lichtschimmer, der durch das Windauga fiel, sah sie sein Gesicht von der Seite: die starke Nase, das eckige Kinn. Zu seinen Füßen lag der Hund, ein formloser Fleck in dem düsteren Gemach. Wie lange war es her, daß sie ihn gefragt hatte, ob er den Hund an sie verkaufen wollte? Sie lächelte in Gedanken daran, daß Varou nun doch ihr Hund geworden war. Vorsich-

tig, um den Mann und den Hund nicht zu wecken, rollte sie sich auf dei andere Seite und fiel in Schlaf.

Spät am Morgen stand Arnora, die Volva, auf. Sie nahm ein Bad im Laug, aß um die Mittagszeit das am vorigen Tag von ihr bestellte Mahl und streifte danach über das Land von Einar Thorgrimsson. Sie machte einen Rundgang durch das Haus und die Nebengebäude, sie besuchte den Stall, die Butterkammer, wo Skyr zubereitet wurde, und warf einen Blick in die kleine Schmiede. Dem Gras des Túns widmete sie ihre besondere Aufmerksamkeit, ebenso dem Vieh auf der Engjar. Sie stieg sogar zum zweiten Wasserfall des Hengifoss hinauf und stand lange Zeit am Schiffsgrab des Mächtigen.

Einsam, mit den Amuletten in ihrem Beutel klappernd, ab und zu vor sich hinmurmelnd, machte sie die Runde. Danach ruhte sie sich im Gästegemach aus. Erst als die Sonne hinter den Bergen verschwunden war, bedeutete sie Einar, daß sie versuchen würde, in die Zukunft zu blicken, und begann mit ihren Vorbereitungen.

Die Seherin nahm auf einem Sessel Platz, der besonders erhöht worden war. Um sie herum setzten sich alle Bewohner vom Thorgrimshof in einen Kreis. In der Skáli war es dämmerig. Das Langfeuer warf seltsame Schatten an die Wände. Die Kóla flackerte in der Zugluft. Es war so still im Langhaus, daß man das Pfeifen des Windes um das Dach drinnen hören konnte.

Lange Zeit starrte Arnora in die Flammen. Ihre dünnen Lippen murmelten ununterbrochen etwas vor sich hin. Aber niemand verstand ihre Worte. Nachdem geraume Zeit verstrichen war, ohne daß etwas geschah, schüttelte sie gereizt den Kopf. Das weiße Haar, von einem mit Silberdraht durchwebten Stirnband zusammengehalten, tanzte um ihr fein geschnittenes Gesicht.

»Die Geister meiden diese Gesellschaft«, sagte sie mit tiefer Stimme, »ist vielleicht eine Frau anwesend, die die alten Zauberlieder singen kann?«

Die Anwesenden flüsterten miteinander. Sigrid schüttelte den Kopf. »Es gibt nicht mehr viele, die noch die alten Lieder kennen«, antwortete sie. Und etwas lauter, mehr an die anwesenden Frauen gerichtet: «Ist eine unter uns, die Arnora helfen kann?«

Helga stand von den Steinen beim Langfeuer auf. Im Licht der Flammen sah ihre zarte Gestalt noch jünger aus, als sie war. Dennoch klang ihre Stimme fest und erwachsen. »Ich bin keine Zaube-

rin, aber als ich noch ein Kind war, hat meine Mutter mich im alten Vaterland Zauberlieder gelehrt – ich habe sie noch nicht vergessen.«

»Dann stell dich hierhin, Tochter des Thorgrim, und singe die Zauberlieder, um die Geister günstig zu stimmen!«

Darauf sang Helga mit ihrer jungen Altstimme. Sie sang so, daß alle Anwesenden meinten, noch nie etwas so Schönes gehört zu haben. Ganz hinten, dort wo die Flammen des Langfeuers das Gemach nicht erhellten, saß Olaf Sigurdsson. Eine seltsame Rührung hatte ihn ergriffen. Vor langer Zeit hatte seine Großmutter Imma in der Weihnachtszeit christliche Lieder für ihn gesungen. Nun sang seine Frau von den drei Nornen Urd, Verdandi und Skuld, Vergangenheit, Gegenwart und Zukunft, welche Runen ritzen und die Zukunft weissagen. Es waren Lieder aus zwei ganz verschiedenen Welten, auch Frauen aus zwei verschiedenen Welten – aber ganz gleich, welche Lieder es waren, sie rührten die Menschen.

Helga schwieg. Arnora dankte ihr. »Die vielen Geister, die jetzt anwesend sind und die uns erst zu meiden versuchten, sind durch diese Zauberlieder bereit, mir Dinge zu enthüllen, die bisher vor mir verborgen waren.«

Wieder saß Arnora lange Zeit und blickte vor sich in die Flammen des Langfeuers. Dann richtete sie ihre Augen auf Einar Thorgrimsson. Ihre Stimme klang hart.

»Das Schicksal dieses Hauses ist sehr stark mit dem Schicksal dieses Landes verbunden . . . auf diesem Hof wird es gute Ernten geben . . . es wird auch Unruhe und Streit geben . . . ich sehe Drachenschiffe – viele, viele Drachenschiffe . . . die Insel der Freiheit füllt sich . . .«

Niemand wagte, ein Wort zu sagen. Totenstill wartete man auf die Worte, die langsam und mit großen Pausen von den Lippen der Seherin kamen. Die Kóla flackerte bei jedem Windstoß. Ab und zu fiel ein Block im Langfeuer in sich zusammen. Dann sprühte ein Funkenregen.

»Ein Verräter bringt Unglück . . . gute Männer fallen . . . Uneinigkeit zwischen Männern verschiedener Godords . . . wo ist der Godi, der Ordnung schafft?«

Die Stimme der alten Frau erstarb. Ihre Lippen bewegten sich, aber keiner verstand mehr ein Wort.

In dem dunklen Teil der Skáli stand ein Mann auf. Alle Anwesen-

den erschraken, als sie die Stimme von Olaf Sigurdsson vernahmen:
»Sag mir, Volva, ist dies das Land der Freiheit?«
Über das Langfeuer hinweg suchten Arnoras Augen die des Olaf von Angia. Erkannte sie in ihm einen Mann mit der Gabe des Zweiten Gesichts? Verstand sie die Hintergründe seiner Frage?
Die Antwort kam schnell: »Wer einem habgierigen Tyrannen entkommen ist und sich durch Verwirrung knechten läßt, hat die Freiheit nicht gefunden.«
Olaf verstand die Antwort, wollte jedoch mehr wissen.
»Wird dieses Volk jemals die wahre Freiheit finden?«
Arnora erhob sich von ihrem Sessel. Sie sah über alle Anwesenden hinweg zum Windauga. Als sie zu reden begann, war es, als spräche sie im Schlaf.
»Viele sprechen von Freiheit, ohne zu wissen, was Freiheit ist ... Freiheit ist ein Leben in selbstgewählter Ordnung ... ich sehe einen Mann ... einen Mann mit Ziegenlederschuhen ... er zieht von Hof zu Hof ... durch ganz Island ... er ruft die Bauern auf, sich zu sammeln ... um Ordnung zu schaffen ... ich sehe eine große Ebene ... eine hohe Lavawand ... ich sehe eine große Wasserstelle, wo viele Pferde getränkt werden ... ich sehe Hütten für Tausende von Menschen ... er schafft Ordnung ... der Mann mit den Ziegenlederschuhen ...«
Nun sprang Einar auf. »Wird die Freiheit dauerhaft sein?«
Es war, als ob sie sich geradewegs an den Mann von Angia wandte, als sie sagte: »Keine Freiheit ohne Ordnung ... der Isländer wird die Freiheit kennenlernen ... Freiheit in Ordnung ... und die Freiheit wird andauern, solange der Isländer Schiffe hat ...«
Es klang rätselhaft. Die Menschen dort um das Feuer verstanden den Sinn der Worte nicht. Es waren nur zwei, die sahen, was sie meinte: Einar und Olaf. Olaf nickte fast unmerklich mit dem Kopf.
Arnora hob ihre Hände mit segnender Gebärde. »Das war es«, sagte die alte Frau, »das war es, was mir die Geister für die Zukunft dieses Hauses und dieses Landes offenbart haben: Recht und Ordnung werden die wahre Freiheit bringen ... Dies Land wird große Männer hervorbringen, Männer, die die Meere befahren und neue Welten entdecken werden ... die Freiheit wird solange dauern, wie der Isländer Schiffe hat ...«
Sie ließ ihre Arme sinken, kletterte von ihrer Erhöhung herab und legte ihre Hand auf Helgas Schulter. »Ich sehe einen alten Mann

und eine alte Frau, die nicht sterben können, bevor sie wissen, wie es ihrem Nachkömmling auf Island ergeht . . . ich sehe eine lange Seereise . . . ein langes Leben . . . es wird nicht leicht für dich, Thorgrimsdottir . . . es gibt Glück und Leid . . . aber am Ende wirst du wissen, daß es der Mühe wert gewesen ist.«
Von Helga glitten ihre Augen zu Olaf. Nur er verstand, was sie zu ihm sagte: »Einsam ist der, der weiter sieht als bis heute . . .«
Ohne sich weiter an jemanden zu wenden, ging sie durch die Skáli, öffnete die Tür zum Gästeraum und war verschwunden.
Die Menschen gingen still auseinander.

18 DIE SIPPE BLEIBT BESTEHEN

Gegen Ende des Grasmonats fegte ein Sturm über die See von Aletha. Donnernd schlugen die Wellen gegen die Klippen, gischtend und schäumend überspülten sie die Riffe. Kein Boot wagte sich aus dem Hafen heraus. Der Wind rüttelte an den Ankerketten, blies in die Ranken und warf unbefestigte Decksegel in die Luft. Eine Wolke feiner Sandkörnchen stob über den Strand und stapelte sich hoch vor der Palisade des Handelspostens von Angia auf.
Die Zweige der Bäume mit ihren frischen, grünen Trieben bogen sich schwingend im Wind. Der Sturm konnte ihnen nichts anhaben. Stark und geschmeidig wiegten sie sich, federten zurück. Nur das tote Holz der Bäume, die nicht mehr blühen würden, brach und wurde zu Boden geschleudert.
Der Wind rüttelte an dem Blockhaus, ohne ihm schaden zu können – es war gut und fest gebaut. Das Gras auf dem Dach wogte wie das Wasser von Angias Meeren.
Bei Einbruch der Nacht trommelten plötzlich große Hagelbrokken gegen die Schweinsblase vor dem Windauga. Im Haus erstickte der alte Kaufmann das Feuer, um auch das Rauchloch verschließen zu können. Er warf seinen Mantel über, entriegelte die Tür, die ihm ein Windstoß fast aus den Händen riß, und begann die Runde durch sein Gehöft. Nachdem er Scheune und Ställe überprüft hatte, stand er einen Augenblick unschlüssig beim Tor in der Palisade. Eine unerklärliche Unruhe hielt ihn davon ab, in die sichere Abgeschlossenheit seines Hauses zurückzukehren. Der Hagel hatte auf-

gehört. Er entfernte den Absperrbaum, stieß das Tor auf und trat hinaus. Der Sturm trieb die Wolken kurz auseinander.
Sven Haraldsson stand auf seinem Festungshügel und blickte über das vom Sturm aufgepeitschte Wasser. Er kannte die See von Aletha zu allen Jahreszeiten, bei Tag und Nacht, im Sommer und im Winter. Warum blieb er dort mitten in all der Naturgewalt stehen, als ob er dort etwas erwarte?
Tief unter ihm, am Fuße des Festungshügels wiegten sich seine Schiffe auf dem aufgewühlten Wasser. Er wußte, daß sie fest und weit genug auseinander verankert waren. Dennoch stieg er zum Strand hinab. Die feinen Sandkörner stachen in seinen Augen, rieben seine Haut. Der Hund folgte ihm wie ein Schatten. Auf dem schmalen Sandstreifen, der noch nicht von der Flut umspült war, stand er einen Augenblick still. Es war, als ob er erneut die Sturmnacht jetzt vor zwanzig Wintern erlebte, in der er seinen Sohn Sigurd auf den Riffen von Selsweff verloren hatte. Er fühlte den Schmerz des Verlustes, wie er ihn damals gespürt hatte, und hörte seine Stimme die Worte aussprechen, womit er seine Frau hatte trösten wollen: »Der Mann kann vergehen – die Sippe aber bleibt bestehen. Sigurd lebt in seinen Kindern weiter!«
Er kehrte dem Wasser den Rücken zu und erklomm den Pfad zum Langhaus. Sorgfältig schloß er das Tor in der Palisade und schob den Baum davor. Er ging am Haus seines Nachfolgers Bjorn Sigurdsson vorbei. In dem großen Langhaus schliefen alle. Es war, als ob er allein wäre in einer Welt von Sturm und Gewalt.
Im Stockfinstern kleidete er sich aus und suchte sich seinen Schlafsack. Neben ihm sagte Imma: »Der Mensch ist in Gottes Hand.«
Er wußte, daß sie dasselbe dachte wie er. Fünfzig Winter hatten sie Liebe und Leid geteilt – sie verstanden einander auch ohne Worte.
Mit Olaf Sigurdssons Bild vor Augen schlief er ein.

Beim Anbruch des neuen Tages legte sich der Sturm. Eine helle Sonne schien aus einem sauber gefegten Himmel auf die Inseln im Frühjahrsschmuck. Das Wasser zog sich zurück, die Strände wurden breiter und breiter. Die Boote, die in dieser Nacht noch hoch auf dem Wasser an ihren Ankerketten gerüttelt hatten, lagen jetzt auf dem trockenen Sand.
Imma stand auf, um das Frühstück fertigzumachen. Sie schob die Schweinsblase vom Rauchloch weg und zündete das Feuer an. Ein Sonnenstrahl fiel durch das Windauga auf den noch schlafenden

Kaufmann und weckte ihn. In dem kurzen Augenblick vor seinem Erwachen hatte er einen Traum. Deutlich sah er die Nordküste von Adreni vor sich. Im Hafen wurde ein Schiff segelfertig gemacht. Er konnte dem Mann am Steuer genau in die Augen sehen. Auf dem Vordeck, ihren Arm auf den Balken am Bug gestützt, an dem auf hoher See der Drachenkopf befestigt wurde, stand eine junge Frau mit stolzem, hübschen Gesicht. Das bis zum Gürtel reichende, glatte, blonde Haar wurde durch ein vielfarbiges mit Silberdraht durchwebtes Stirnband gehalten. Eine silberne Spange schloß den Mantel unter ihrem Kinn. Ein kräftiger Wind griff in das Rahsegel. Seine Ohren vernahmen eine bekannte Stimme: »Heio! Kurs Angia!«

Sven Haraldsson öffnete die Augen. Er kroch aus seinem Schlafsack und streckte seine steif gewordenen Glieder.

Imma, Tancarts Tochter, goß den Gerstenbrei in eine Schüssel und reichte ihm diese.

»Der Sturm hat sich gelegt«, sagte sie. »Es ist herrliches Frühlingswetter.«

Er nickte, nahm den Gerstenbrei und stellte ihn vor sich auf den Tisch.

»Mach den Gästeraum fertig, Frau«, antwortete er. »Bei Flut läuft er ein. Es ist eine junge Frau an Bord – sie trägt Olafs Mantelspange . . .«

Sie fragte ihn nicht, was er meinte, woher er das wußte. Sie wußte, daß es so war. Ein Lächeln ließ ihr Gesicht plötzlich um Jahre jünger erscheinen.

UNBEKANNTE WÖRTER UND AUSDRÜCKE

Aletha	das heutige St. Malo
Althing	Parlament – Landesversammlung, so wie diese für ganz Island seit dem Jahr 930 amtierte
Angia	die heutige Insel Jersey
Asen und Wanen	nordgermanische Götter
Birka	Ort auf der Insel Björkö im Mälarmeer Handelszentrum der Wikingerzeit
Currach	mit Häuten bespannte Boote, von irischen Mönchen benutzt
Dalur	Tal
Dimmuborgir	schwarze Türme (Lavaformationen in der Nähe des Myvatn
Engjar (Einzahl, Engi)	ungedüngte Wiesen, die nicht zum Weiden, sondern zum Mähen bestimmt waren
Eyjafjördur	Inselfjord
Färöer (Faeröerne)	Schafinseln
Fjördur	Fjord
Foss	Wasserfall
Glerhákarl	Hai, der zwei Monate eingegraben und danach ein Jahr an der Luft getrocknet wurde
Glíma	isländisches Ringen
Godi (Mehrzahl Godar)	Priester und Hauptmann, der sowohl geistliche und weltliche Macht besaß. Die Bauern arbeiteten freiwillig mit ihm zusammen und bezahlten dem Hauptbauern ihrer Wahl Tempelbeiträge. Sie genossen dafür seinen Schutz.
Godord	Tempelgemeinschaft oder Gebiet
Grindadráp	Abschlachten eines Wals
Haithabu (auch Hedeby)	blühende Handeslstadt nördlich von Hamburg, Umschlaghafen für den Ost-West-Handel
Hákarl	Hai

Hengifoss	hängender Wasserfall
Hjallur	Gestell, an das Fisch zum Trocknen aufgehängt wurde
Holmgang	Duell auf einer Insel
Jarl	Ritter, Titel in altnorwegisch, neben dem Stand des Karls (freier Bauer) und des Sklaven. Der Jarl stand gleich unter Harald Schönhaar. Der Titel Jarl hat sich in der isländischen Demokratie nicht eingebürgert
Jökull	Gletscher
Kirtel	langärmelige, oft grell gefärbte Jacke, die bis eben oberhalb des Knies reichte, die Taille wird durch einen Koppelriemen zusammengehalten, an dem ein Schwert hängt
Knattleikr (Knattleikur)	Ballspiel; einfache Art von Kricket
Knörr	Frachtschiff, speziell für große Seereisen gebaut; zweckmäßig, breit, aus Kiefern- oder Eichenholz gebaut, über 15 Meter lang, mit festem Vor- und Achterdeck und einem offenen Raum mittschiffs
Kóla	isländische Lampe; ein ausgehöhlter Stein, in dem ein Docht auf Fischöl schwimmt
Landaurar	Abgabe für die Vergünstigung, ins Ausland gehen zu dürfen
Laug (Mehrzahl Laugar)	Heißwasserbecken, Bad
Lundi (Engl: Pufin)	Papageientaucher (Vogel)
Met	weinartiges Getränk, durch Gärung aus Honig gewonnen
Mjöllnir	Hammer des Donnergottes Thor; wenn er durch den Himmel geworfen wurde, schleuderte er Blitze und kehrte wie ein Bumerang zurück
Moränen	Anhäufung von Geröll an der Gletscherzunge

Myvatn	Mückenwasser (See)
Nordlicht	Polarlicht; Naturerscheinung im Nordpolgebiet
Odalbauer	Bauer bei den Wikingern, der Besitzer seines Bauernhofes ist; er bezahlt keine Steuern und ist niemandem zu Diensten verpflichtet
Papey	Insel der Patres
Rahe	lange, runde Stange, kreuzweise an einem Mast hängend als Träger für ein Segel
Reep	beim Vogelfang gebrauchtes Tau, aus Riemen von Ochsenleder gemacht; in der Schiffahrt schweres Tau
Reykjavik	Rauch- oder Sturmbucht
Sandr (Sandur)	Ebene mit angespültem Sand am Gletscherfuß
Scramasax (Sax)	breites Messer mit einer Schneide, fränkische Waffe
Selsweff	das heutige Riff Minquiers
Sippe	Familie im weitesten Sinne
Skald	Hofdichter, Gelegenheitsdichter
Skáli	große Halle im isländischen Bauernhaus
Skyr	lange Zeit haltbare, geronnene Milch, eine Art Topfen
Skyrhákarl	Hai, der zwei Monate vergraben war
Sólarstein	Sonnenstein, Navigationsstein der Wikinger
Stekkur	Schafshürde, in der die Lämmer von den Müttern getrennt wurden
Stofa	Wohnstube im isländischen Bauernhaus, meistens Arbeitsraum und oft auch Küche
Súla (Engl. Gannet)	Baßtölpel
Syra	Molke
Thing	Volksgericht
Troll	Dämon oder böser Geist aus der nordischen Mythologie

Tún	Landstück unmittelbar vor den Wohnhäusern, von einem hohen Wall aus Steinen und Lavablöcken umgeben. Der Tún ist das einzige Landstück, das gedüngt wird. Er liefert das gute und kräftige Heu, das für die Kühe und für die Lieblingspferde bestimmt ist
Vádmál	isländischer Wollstoff
Varou	Werwolf (Geistererscheinung in Hundegestalt)
Vatn	Wasser, See
Vestmannaeyjar	Insel der Westmänner
Volva	Seherin, Prophetin
Vraic	Seetang; wurde auf den Kanalinseln in großen Mengen als Dünger und Brennstoff verwandt
Walacra	der älteste bekannte (lateinische) Name für Walcheren
Westmannen	Iren
Windauga	Windauge; Loch im Dach gegenüber dem Sessel des Wikinger-Bauern, um Tageslicht hereinzulassen
Witla	Handelsplatz, der in der Gegend des heutigen Geervliet gelegen haben muß und 836 von den Normannen verwüstet wurde; noch nicht wiedergefunden

FÜR DEN, DER NOCH MEHR WISSEN MÖCHTE

Nachdem sich 874 Ingolf Arnarson in Reykjavik niedergelassen hatte, zogen große Gruppen Wikinger nach Island. Innerhalb von sechzig Jahren war alles bewohnbare Land eingenommen. Je mehr Siedler kamen, desto öfter entstanden Konflikte zwischen den Menschen der verschiedenen Godords, die nicht mehr von dem örtlichen Godi gelöst werden konnten. Es wurde notwendig, eine nationale Versammlung, ein Thing, ins Leben zu rufen, um Ordnung zu schaffen.

Um 920 zog Grim mit den Ziegenlederschuhen aus, um alle Siedler für diese Idee zu gewinnen und einen passenden Versammlungsplatz zu finden. Inzwischen stellte sein Bruder Ulfjot einen Gesetzentwurf nach norwegischem Vorbild zusammen. Der Unterschied zu der Lage in Norwegen war nur, daß auf Island keine Monarchie bestand, sondern eine Republik, in der die Macht bei der Gemeinschaft lag.

Grim fand einen geeigneten Platz im Westen Islands, eine gewaltige natürliche Arena aus Lavablöcken, wo ausreichend Platz war, um Tausende von Menschen einige Wochen unterzubringen, und wo genügend Gras und Wasser war für ebenso viele Pferde. Obendrein war die Stelle, das Thingvellir, für alle Isländer ziemlich bequem zu erreichen. Das Althing, das erste Parlament von Europa wurde 930 erstmals zusammengerufen. Auf dem Althing wurde von einem gewählten Rechtsprecher Recht gesprochen, der immer drei Jahre im Amt blieb. Außer zu Gesetzes- und Rechtszwecken wurde das Althing wie eine Art Jahrmarkt besucht. Es wurden Übereinkünfte getroffen. Es kamen Heiraten zustande; es wurde dort Handel getrieben. Im Jahre 1000 wurde auf dem Althing ohne Blutvergießen das Christentum eingeführt.

Zuvor wurde jedoch noch von Island aus Grönland von Erik dem Roten und Amerika von dessen Sohn Leif Eriksson entdeckt.

Im 12. Jahrhundert entstand auf Island die berühmte Saga-Literatur. Die Sagas sind die Erzählungen von der Geschichte der ersten isländischen Siedlerfamilien, die seit 870 mündlich überliefert und im 12. Jahrhundert in der Landessprache niedergeschrieben wurden.

Die isländische Demokratie erwies sich einige Jahrhunderte als hervorragend; aber im 12. Jahrhundert wurde das Gleichgewicht gestört, und die Macht gelang in die Hände von nur einigen Famili-

en. Den Streit, der dadurch entstand, nutzte Norwegen, um Island in Besitz zu nehmen.
Eine wichtige Ursache für den Verlust der Unabhängigkeit war auch die Entwaldung. Durch unkundiges Abholzen für den Hausbau und durch den Schaden, den ungezählte Schafe anrichteten, hatten die Isländer kein Holz mehr, um ihre Boote zu bauen. Die Boote der ersten Siedler waren nach einigen Generationen verbraucht. Damals wurde man auf Island der Handelsverbindungen mit dem übrigen Europa wegen ganz und gar abhängig von ausländischen, vor allem norwegischen Schiffen.
Island verlor im Jahre 1263 seine Unabhängigkeit an Norwegen und kam später zusammen mit Norwegen unter dänische Herrschaft. Damit war die Weissagung der Volva erfüllt.
Seit 1944 ist Island wieder eine unabhängige Nation.

Besonderen Dank schulde ich
Frau Dr. M. W. Stein-Wilkeshuis und
Frau Dr. P. C. Sluijter,
die mir bei der Lösung vieler
Probleme halfen.

ERLÄUTERUNG:

Damit man sie überhaupt lesen kann, sind die isländischen Buchstaben ersetzt worden.
In Personennamen wurden die Kasusendungen und Akzente fortgelassen. Isländische geografische Angaben stimmen mit der Rechtschreibung auf der isländischen Landkarte überein.

LITERATURVERZEICHNIS

Brønsted, Johannes	Zo leefden de Vikingen
Dragsted, Ove	Der »Sonnenstein« der Wikinger (Zeitschrift der Deutschen Gemmologischen Gesellschaft, 18, no. 1, p. 20–21, 1969)
Hallberg, Peter	The Iselandic Saga
Hamel, A.G. van	Ijsland – oud en nieuw
Herchenröder, Jan	Island kennen und lieben
Jones, Gwyn	The Norse Atlantic Saga
Kellett-Smith, S. K.	Old Name of the Channel Islands (Société Guernsiaise, report 1962)
Magnusson, Magnus	Introducing Archaeology
Magnusson, Magnus	Viking-Expansion Westwards
Maurik, H. G. van	Ijsland in de golfstroom
Pörtner, Rudolf	Die Wikinger Saga
Proctor, G. L.	De Vikingen
Reichardt, Konstantin	Mythen und Märchen von germanischen Göttern
Simons, Gerald	Bloeiperioden der mensheid: de vroege Middeleeuwen
Sluijter, P. C. M.	Ijslands Volksgeloof
Stein-Wilkeshuis, M.W.	Het kind in de oudijslandse samenleving
Strijbos, Jan P.	In het zog van Raven-Flóki

ALT-ISLÄNDISCHE LITERATUR (in Übersetzung):

Edda	Niederl. von Jan de Vries
De Saga van Kippen-Thórir De Saga van Gisli den Vogelvrijverklaarde De Saga van de Bondgenoten De Saga van Vecht-Glum De Saga van Hrafnkel den Priester van Freyr	Niederl. von Jan de Vries und M.M. de Vries-Vogel
Njál's Saga The Vinland Sagas – Graenlendinga Saga and Eirik's Saga	Englisch von Magnus Magnusson und Hermann Pálsson
Vinland the Good – The Saga of Leif Eiriksson and the Viking-discovery of America	Englisch von Joan Tindale Blindheim
Die Sage vom Skalden Gunnlaug Schlangenzunge	Deutsch von Helmut de Boor

Mein besonderer Dank gebührt den Herren Ir. J. A. Trimpe Burger aus Aardenburg und C. Hoek aus Rotterdam für die vielen wertvollen Hinweise bei der Vorbereitung dieses Buches.